천신굿 무가집

누구를 위한 웨딩마치인가?

메뚜기가 슬프게 우는 가을 밤
청조하게 들리는 피리소리에
아무런 말없이 울고 있는 엄마
마치 하늘이 무너지네.

바라소리에 오열하는 누이들
세상 모든 걸 잃어버리네.

난 장구장단에 신명나서
하늘 향해 목청 높여가며
춤을 추고 있네.

지금 이 합주곡은
누구를 위한
웨딩마치인가?

천신굿 무가집

관 우

신 지 평

♠ 본 책을 소지하신 분들께는 한양 천신굿을
무료로 전수해 드립니다.

(한양 천신굿 전수관 02~3444~2020)

책머리에...

처음 무교(巫敎)에 입문할 때가 문득 스쳐 지나갑니다. 제 나이 26살, 세상 물정도 모르고 철없던 시절에 신령님이 저에게 강림하였다는 이야기를 들었을 때 저는 정말 어처구니가 없어 눈물조차 나오지 않았습니다. 세상은 무교의 사제를 천대하고 멸시하며 마치 미신의 근원지로 치부하던 시절에 무당으로 입문하기는 정말 싫었습니다. 하지만 제가 신령님을 거부하면 할수록 더욱 강하게 신령님은 저에게 다가오고 저는 거역 할 수 없는 숙명 앞에 무릎을 꿇고 말았습니다. 처음엔 제자신의 운명이 싫었고 저를 선택한 신령님도 싫어서 방황도 참 많이 했지만 세월이 흐른 지금은 신령님께 감사하는 마음으로 참된 종교인으로 살고자 신령님전에 무릎 꿇고 머리를 숙여 기도하며 살고 있습니다. 신령님 뜻에 따라 만인의 고통을 나누어 가질 수 있고, 만인의 행복을 열어줄 수 있는 신령님의 보필자로 살 수 있는 저는 행복한 사람이 아닐까 생각합니다.

미천한 제가 이렇게 펜을 든 이유는 우리 민족의 뿌리이며 근원이 되는 무교(巫敎)가 어느새 세계적인 관심사가 되어 있음에도 불구하고 아직까지 국내에는 바람직한 체계나 학술적인 가치로 정립되지 못하고 있는 점이 무교(巫敎)의 계승자로서 너무나 안타까운 일이라 여겨졌기 때문입니다. 무교는 역사적으로 볼 때 현존하는 어떠한 타종교보다도 음악, 무용, 문학 등의 예술적인 분야에서 차지하는 비중이 매우 큰 종합예술입니다. 다시 말해 무교는 우리민족의 철학이자 정서이며 무교의 굿은 단순하게 생각하면 무교의 종교적인 의식에 불과하지만 큰 의미로는 우리의 전통문화이며 역사입니다. 또한 굿은 유, 무형의 문화가 총체적으로 종합된 종교문화의 집합체라고 말할 수 있습니다. 이는 전통적 맥을 잇고 있는 문화로서 예술로서 공연되고 문학으로서 많은 학자들에 의해 연구되어 활자화되고 있으며 언어로서 구사되고 역사로서 흐름을 갖고 종교로서 신앙이 되어 왔습니다. 그런데 현시대의 굿을 보면 전통성을 상실한 체 개개인의 취향이나 개성에 따라 다양하게 변형 되어가고 있는 것이 현실이기 때문에 전통성을 지닌 바른 굿을 배우고 싶어도 학술적으로나 문학적으로 표출된 게 없어 배울 수 없는 사람들을 위해서 본인이 신부(神父)이신 이 지산 선생님께 물려받은 한양 천신굿 문서와 10년 넘는 세월동안 굿청 현장에서 보고 학습한 굿 절차 그리고 여러 학자가 문헌적으로 논술한 책을 종합하여 전통적인 한양 천신굿의 형식이나 절차를 보다 체계적으로 정리한 책을 출판하고자 합니다.

저는 이 지산 선생님께 한양굿 중에서 천신굿(각심절 문서)을 습득했으므로 제가 앞으로 서술할 내용도 천신굿 위주임을 밝혀둡니다. 여러 학자님들의 책 내용을 허락 없이 인용한 점 진심으로 사과드리며 문헌적으로 도움을 많이 주신 전 경희대 김태곤 교수님의 명복을 빕니다.

마지막으로 미천하고 보잘 것 없는 저에게 바른 계자로 성장할 수 있도록 물심양면으로 가르침 주신 이 지산 선생님께 다시 한번 지면을 통해 감사한 마음을 전합니다.

차례

무고는..

우리 무교(巫敎)를 일반인들은 무속(巫俗)이라고 하며 심지어는 미신이라고 하는 사람들까지 있으며 무교의 사제인 계자들조차 아무런 거리낌 없이 무속이란 단어를 사용하여 우리의 무교를 표현한다. 그러나 무속이란 단어에는 유동식 교수가 자신의 저서 『한국무교의 역사와 구조』에서 밝힌 것처럼 "무교를 종교적 현상으로 보기보다 단순한 사회적 습속 또는 풍습 정도로 치부하려는 의도와 종교현상에 대한 역사적 관심 그리고 종교적 독자성에 대한 고려가 결여되어 있다."고 하겠다.

또 조흥윤 교수가 집필한 『무와 민족문화』에서는 "무교를 신앙이나 민속의 일환으로 여기고 종교로 취급하지 않는 태도는 한국의 종교 학자들에게서 예사롭다."고 서술하면서 이것은 독자성을 상실하고 서양종교에 오염되어 주체성 없는 안목임을 주장하고 있다. 그리고 "우리의 무교를 고대로부터 면면히 내려오는 종교로 파악하지 못하면 한국종교사 및 문화사의 바른 이해는 기대하기 어렵다."고 논술하였다. 여기에서 알 수 있듯이 무교는 단순한 사회적 풍습이나 세습인 무속이 아니고 우리의 전통이면서 원초적 종교이다. 필자 또한 무교를 종교로 주장하는데 여기에는 또 다른 이유가 있다.

무교는 종교가 갖추어야 하는 3대 요소인 사제 · 교리 · 공동체 의식을 갖추고 있기 때문이다. 다시 말해 신령님의 사제인 계자(기자)와 신령님을 신봉하고 신앙하는 단골이라는 신도가 있고, 무가(巫歌)란 교리가 있으며, 계자가 주관하여 진행하는 굿(풍어제, 기우제, 천신제)이란 무교만의 공동체 제의식이 있다. 그러하기에 무교를 사회적 습속이나 풍습 정도로 치부하여 무속이라고 하는 것은 잘못된 표현임을 분명하게 밝힌다.

또한 일부 계층에서는 우리 무교를 미신이라고 하는데 이것은 정말 잘못된 상식이다. 미신이란 단어를 처음 사용하기 시작한 시기는 일본에서 명치유신 이후 개화주의자들이 영어 superstition을 번역하여 쓰던 것을 개화기 이후에 일본인들이 우리나라를 강점하면서 우리국민들이 가장 많이 찬양하고 숭배하며 우리민족의 문화와 정서가 가장 많이 배양 되어있는 무교를 미신으로 치부함으로써 우리민족을 미개하고 미천한 국민으로 만들어 그들의 식민통치를 용이하게 하기 위함이었다. 그리고 해방 이후 기독교의 선교사가 우리나라에 복음을 전파하면서 무교를 정확하게 이해하지 못한 채 복음을 빨리 전파하고 싶은 마음으로 일본인들이 사용했던 미신이란 단어를 어떤 여과도 없이 사용했던 것으로 추정된다. 또한 기독교적 사고방식으로 무교가 다신을 숭배하고 있다하여 마치 무교는 '잡귀, 잡신' 즉 악신까지 숭배하는 것으로 해석하지만 무교는 잡신들을 신령님으로 숭배하지 않는다. 무교에서 숭배하는 신령님은 우리민족의 시조인 환웅제석, 환인제석, 환검제석(삼신제석)을 위시로 한 '천신(하늘님)'과 '산신' 여기에 '인신'을 더한 삼신사상으로 요약할 수 있다. 또한 무교는 문헌적으로 삼한·삼국시대에는 국교로 정하고 믿어왔는데, 신라시대 때 금관은 시베리아계 샤먼의 관을 본뜬 무왕관(巫王冠)으로 간주되며 삼국사기를 보면 2대왕인 남해왕호(별칭 차차웅)는 무인(巫人)이다라고 기록 되어있는 것으로 보아 국교가 무교였음을 입증하고 있다. 또한 무교는 역사적으로 볼 때 전통문화적인 요소가 많으며 예술적으로나 학술적으로 차지하는 부분이 많은 우리민족의 정서이자 종교이다.

다시 말해 무교(巫敎)는 한민족의 종교적 사고가 집약되어 체계화되는 가운데 우리 민족 삶과 정신 속에 뿌리 깊게 자리 잡으면서 성장해 온 우리민족의 원초적 종교이며, 우리나라가 태동하는 그 순간부터 우리 삶 속에서 희로애락을 같이하며 공존해 온 우리민족의 혼이며 뿌리가 되고 역사적으로 큰 의미가 되는 것이다.

굿이란..

굿을 쉽게 설명하면 우리 무교(巫敎)에서 숭배하는 신령님께 우리 삶 속에서 갈망하고 희망하는 것을 기원하거나 액을 소멸 혹은 방지하기 위해서 거행하는 종교적 제의(祭儀)로써 국가에서는 국태민안을 위해서 또한 마을에서는 풍요를 기원하고 가정에서는 불행을 예방하고 평안을 유지하고자 하는 인간 본능의 소망을 무교의 신령님께 기원하는 종교적인 의식이다. 한편으로 굿은 죽은 망자의 혼령을 왕생극락하게 하여 사후 세계에서 평온하길 기원하고 보고 싶은 조상들을 굿이란 의식을 통해 망자의 혼이라도 상봉하게 해준다.

굿은 고대로부터 지속적으로 이어져 왔으며 앞으로도 지속적으로 이어져 갈 것이다. 굿에 대한 문헌적 최초의 기록은 『삼국지』에서 찾을 수 있다. 고구려의 동맹, 예의 무천, 부여의 영고 등의 제천행사들이 지금의 굿의 형식을 지니고 있었으며 고려시대의 '연등회'나 '팔관회'도 이름은 불교적이지만 우리의 굿 형식이 많이 배양되어 있다. 위에서 이야기하였듯이 굿은 우리 역사와 함께 하면서 민중의 삶 속에서 때로는 희망을 주고 때로는 불행을 예방해주는 우리의 문화유산으로 자리 잡아 왔다.

굿의 구체적인 의식은 무교가 숭배하는 신령님 또는 굿하는 제갓집 조상들을 청배하고 가무(歌舞)로 거동하여 무교의 사제(계자)가 신화(神化)하여 신령님의 말씀 즉 공수로 화답하고 다시 신령님과 조상님들을 배웅하는 4단계(신령님 청배, 거성, 공수, 배웅)의 과정으로 구성되어 있다. 또한 굿 의식 속에는 천지인(天地人) 삼신신앙이 기본적으로 내포되어 있고 굿하는 형식에 따라 더 많은 신령님을 청배하여 굿을 진행한다. 굿에는 전통적인 우리의 음악과 춤이 있고 전통복식인 신령님 의복 즉 무복(巫服)이 있고 제상은 우리의 전통적인 먹거리로 구성되므로 굿에는 우리의 전통적인 멋과 맛이 총체적으로 포함되어 있다. 다시 말해 굿에는 우리의 전통문화양식이 내포되어 있어 전통적 종합예술이라고 말할 수 있다. 그래서 굿을 주관하는 계자는 굿의 순서 즉 무법(巫法)을 알아야 할 뿐만 아니라 굿을 진행하는 굿청과 무구(巫具), 무신도(巫神圖), 무화(巫花), 무음식(巫飮食), 무전(巫錢) 등을 진설할 줄 알아야 한다. 그렇게 배설한 신당(神堂)에서 신령님 의복(신의대)을 갖춰 입고 무악(巫樂)에 맞춰 무가(巫歌), 무무(巫舞), 무극(巫劇), 무담(巫談), 무언(巫言)으로 굿을 진행해야 한다. (『서울6백년사』 '민속편'에서 발췌, 발행인 고건시장)

무교의 제의(祭儀)를 통상적으로 굿이라고 하지만 엄격하게 구분하면 무교의 사제가 신령님께 올리는 정성과 일반 제갓집에서 하는 운맞이 또는 재수맞이 등의 경사와 축복을 기원하는 의식인 '신사(神事)맞이'와 우환굿, 마마배송굿, 가환굿 등의 재앙을 맞고 흉사를 소멸하기 위해서 하는 의식의 두 가지로 구분 지을 수 있다.

굿 할 때 왼쪽으로 맴 도는 이유가 있다.

무교의 사제가 굿을 할 때 맴을 많이 돌게 된다. 특히 황해도 굿에서는 신을 청배하고 난 뒤 연풍이라고 하는 맴돌이로 모든 굿을 시작하고 끝을 낼 정도로 맴돌이를 많이 하고 있다. 이런 경우 사제들은 왼쪽 즉 시계 반대방향으로 돌아야 한다는 것이다. 그러면 사제가 어느 쪽으로 돌던 이것이 무슨 상관이 있으며 반드시 왼쪽으로 돌아야 하는 이유는 무엇인가?

무교의 사제가 굿을 진행하면서 맴을 돌 때에 왼쪽으로 돌아야 하는 데는 우주의 대원칙이 숨어 있다. 우리가 흔히 볼 수 있는 삼태극을 자세히 보면 왼쪽으로 회전하는 삼태극과 오른쪽으로 회전하는 삼태극이 있다. 왼쪽 즉 시계 반대방향으로 회전하는 삼태극은 흡수, 흡입, 결집 등의 의미가 있다고 한다. 즉 우주의 대원칙인 지구가 자전하는 방향으로 회전을 함으로써 지구와 같이 도는 것이다. 큰 톱니바퀴와 작은 톱니바퀴가 같이 회전을 함으로써 대단한 에너지 즉 기(氣)가 발생한다는 것을 우리는 이미 알고 있다. 이러한 원리에 따라 무교의 사제들은 왼쪽으로 맴돌이 한다. 다시 말해 무교의 사제가 왼쪽으로 맴돌이를 할 적에는 사제의 몸은 작은 톱니바퀴가 되고 지구는 큰 톱니바퀴가 되어 자전거 체인처럼 서로 같이 회전을 하는 것이다. 이는 우주의 순리에 순행함으로써 발생하는 많은 에너지의 결집체인 우주의 기(氣)를 사제의 몸으로 받아들임으로써, 굿을 할 때 사제가 맴돌이를 돌고 난 뒤 신의 말이라는 공수(貢壽)를 주는 등 초능력을 발휘할 수 있는 것이 아닌가 생각한다. 또한 옛날에 세운 전통 조형물 같은 곳을 보면 삼태극을 문양으로 새겨 넣은 것을 많이 볼 수가 있다. 이런 조형물이나 건축물에 새겨진 삼태극의 회전방향을 보면 대부분 왼쪽 즉 시계 반대방향이라는 것을 발견 할 수 있을 것이다. 이것은 다시 말하여 왼쪽, 지구와 같은 방향으로 삼태극이 회전함으로써 지구의 회전력에 의하여 생기는 우주의 강력한 에너지 기(氣)는 곧 벽사(辟邪 : 잡귀 · 잡신을 쳐냄)의 의미를 지닌다고 믿었고 그러니 잡귀의 근접을 막기 위하여 왼쪽으로 회전하는 삼태극 문양을 새겨 넣지 않았나 생각한다.

그러나 오른쪽으로 도는 삼태극이 있는 것 또한 현실이다. 오른쪽으로 도는 삼태극은 확산, 발산을 의미하는 것이라 한다. 오른쪽 방향은 모든 사람들이 회전할 때 도는 방향이지만 지구가 도는 반대방향으로 우주의 순리를 거스르는 방향이므로 사제들은 오른쪽 방향으로 맴돌이를 하여서는 안 된다고 본다. 오른쪽 방향으로 맴을 돌면 우주의 기(氣)를 받아들이지를 못하여 영험한 공수가 나오지 못할 것이라 생각한다. 샤머니즘 어휘의 근원지인 몽골에서는 왼쪽으로 도는 것은 저승의 길로 들어서는 죽은 자들만의 길이며, 오른쪽으로 도는 것은 살아있는 자의 길이라 하여 절대 일반인들이 왼쪽으로 돌아서는 안 된다고 믿고 있다고 한다. 그래서 몽골에서도 샤먼인들은 제례의식을 진행 할 때는 반드시 왼쪽으로 맴돌이를 한다. 즉 왼쪽으로 도는 것은 저승으로 가는 길이므로 사제들이 굿을 진행 할 때 왼쪽으로 회전을 하면서 저승과 이승을 넘나들고 있다고 믿고 있다. 다시 말해 무교의 사제가 굿을 진행 하는 과정에서 맴을 왼쪽으로 도는 이유가 우주의 대원칙을 순배하기 위해서이다.

그러나 지금의 많은 무교의 사제들을 보면 굿을 진행 하면서 왼쪽으로 돌아야 한다는 원칙을 무시 하고 자기 마음대로 왼쪽으로 돌았다 오른쪽으로 돌았다 하는 무당들이 많이 있다. 특히 신세대 사제나 신을 받은 지 얼마 되지 않는 사제들의 맴돌이를 보면 원칙이 없다. 왼쪽이나 오른쪽, 한쪽 방향만 정해놓고 도는 것이 아니고 그때그때 편리한 대로 왼쪽으로 돌다 조금 어지러우면 다시 오른쪽으로 돌아버리는 우스운 광경, 우주의 대원칙을 모르는 무식한 행동들을 하고 있다 하겠다. 이런 관점에서 굿을 할 때 왼쪽으로 맴돌이를 하지 않는 무당들은 신의 영검함이 떨어지는 덜 익은 무당이라고 생각할 수도 있을 것이다. 왼쪽으로 돌아야 우주의 기(氣)를 받아들일 수가 있을 것이며, 또한 저승과 이승을 넘나들며 살아있는 자들에게 죽은 자의 이야기를 들려 줄 수 있을 것인데, 우주의 기를 받아들일 줄 모르고, 저승으로 들어가는 길을 모르는 무당들이 오른쪽으로 맴돌이를 하는 것이다.

처음 신을 받은, 흔히 말하는 애동 제자들은 맴돌이 하나도 제대로 할 줄 모른다. 아니 전혀 하지 않고 그냥 마구 뛰기만 한다. 그러나 조금씩 신부모나 선생들을 통하여 굿을 배워 나가게 될 것이며 그 때 맴돌이 하는 것도 배우게 될 것이다. 그러면 신의 선생들이 어떻게 어느 방향으로 맴돌이를 하라고 가르치는가를 유심히 살펴보기 바란다. 만약 왼쪽방향으로만 돌지를 않고 오른쪽 방향으로만 돌던지 아니면 오른쪽, 왼쪽 그때마다 도는 방향이 다르다면 좀 헷갈리는 무당으로 문제가 있다고 생각하면 될 것이다. 언제 한가한 시간이 있을 때 집에서 한번 직접 실험을 해 보라. 왼쪽으로 돌 때와 오른쪽으로 돌 때 직접 몸에 와 닿는 기(氣)의 강약을 직접 느껴 보는 것도 좋을 듯하다. 일반인들이 느끼는 것과 무당들이 느끼는 것이 다를 수 있으니 직접 해 보는 것이 좋을 것이다. 무교의 사제는 우주의 기(氣)를 받아들이고 저승의 문턱을 넘나드는 사람으로서 반드시 왼쪽으로만 돌아야 한다는 철칙을 늘 가슴속에 새겨두면서 굿을 진행해야 한다.

굿의 종류

1. 나라굿	2. 신령계자굿	3. 천신굿
4. 진오기굿	5. 용신굿(풍어제)	6. 성주맞이굿
7. 삼신맞이굿	8. 우환굿	9. 도당굿
10. 풍농굿	11. 여탐굿	

위에서 나열한 굿들이 대표적인 굿의 종류들이며 이 외에도 지역마다 특색에 맞는 다양한 굿들이 있으며 빈손으로 하는 치성들도 굿의 의미를 가지고 있다.

굿이란 단어는 우환굿이나 가환굿 또는 병굿 처럼 액을 소멸하는 기복의식을 '굿'이라 하고, 운수 맞이를 위한 재수굿이나 신령님 진적굿 같은 의식은 '신사맞이'라고 하는 것이 옳은 표현이다.

1. 나라굿

나라굿은 왕가의 주문에 의해 행하던 굿이다. 이 나라굿을 맡아하던 무당을 '나라무당' 또는 '국무(國巫)'라 불렀다. 조선실록에 의하면 국무를 '성수청'이란 관청에서 관리하면서 국가적인 제의식을 주관하게 하였고 한편으로는 '동서활인서'에 무녀를 두어 역질(돌림병)을 다스리게 하였다는 기록이 있다. '국무(國巫)'로 대표 할 수 있는 분은 조선시대 말기 고종 시절 진령군 으로 정3품이란 품계를 받고 궁궐에 북묘란 신당을 건립하여 거주 하면서 국가적 운명과 국사의 모든 부분에 참여 하여 국정에 관여하였다.

나라굿은 시대의 사항에 따라 세 가지 다른 형태로 나누어진다.

1) 나라굿

이것은 좁은 의미에서의 나라굿 이라고 하지만 큰 의미로는 천신대제를 의미 한다. 궁궐 안에서 벌어지던 풍우제, 기우제 등이 나라굿에 속한다. 이런 굿은 대부분 동쪽의 각심절본 계자님들이 주관 했다.

2) 나라 제당굿

조선왕조 때 왕궁은 굿을 행하던 당을 궁궐 밖에 두고 '제당'이라 불렀다. 지금은 인왕산으로 이전한 국사당이 대표적인 제당 이였는데 옛적에는 남산에 제당들이 있었다. 그런 제당에서 하던 굿은 서쪽의 구파발본 계자님들이 담당하였다.

3) 바깥굿 또는 외방굿

무교인이 궁궐로부터 주문을 받아 서울 변두리나 지방에서 행하던 굿을 그렇게 불렀다. 외방굿의 대표적인 굿으로는 마포 나룻터 에서 했던 용신맞이(풍어제)가 있다. 이 굿은 남쪽 노들본 계자님들이 주관하여 굿을 하였다. (『巫』 -'한국의역사와현상에서' 발췌, 저자 조흥윤)

2. 신령계자굿(진적신사맞이)

이 굿은 계자들이 모시고 있는 신령님을 위하여 하는 굿이나 새롭게 신령님을 모시는 굿이다.

1) 허주굿

인간의 몸으로 강림하여 오신 신령님이 참신인지 허주신인지를 구별하는 굿을 허주굿이라고 한다. 허주굿 결과에 따라 굿하는 과정이 달라지는데 우선 허주신이 왔다면(빙의) 그날 굿은 허주신들을 퇴송하고 재수굿으로 전환하여 재수굿으로 종결한다. 그러나 참신들이 오셨다면 그 굿은 일단 거기서 종결하고 다시 좋은 날을 잡아 신령님좌정굿을 진행한다.

2) 좌정굿

허주굿이란 과정을 통해서 오신 신령님들이 무교의 정신(正神)으로 판명되면 신령님의 좌정굿을 함으로써 신령님의 제자로 입문하게 되는 과정이다.

3) 진적굿

진적은 한자로는 '진작(進爵)'이라 쓰며 무교에서는 '진적'으로 표현 한다. 진작이란 옛날 궁중에서 진연(進宴) 때 임금님에게 술잔을 올리던 일을 일컫는데, 해마다 생기덕을 보아 좋은날 즉 명날·복날 로 잡아 자기가 숭배하는 신령님께 제자 본인의 안녕과 신도들 가정의 화목과 변영을 기원하기 위해서 제의를 올리는 굿을 말한다.

3. 천신굿(천신 신사맞이)

천신굿은 글자를 보면 알 수 있듯이 천신(天神)님께 기제를 올리는 굿이다. 천신굿을 일반적으로 재수굿으로 이야기 하지만 천신굿과 일반 재수굿과는 내용면에서나 굿 절차과정에서 많은 차이가 있다. 재수굿은 일반 서민들이 주로 하던 굿인 반면 천신굿은 궁궐이나 상류층, 부유층에서 격식을 제대로 갖춰 제를 거행하던 굿이다.

4. 진오기굿

망자천도(亡者薦度)굿으로 보통 '진오기' 또는 '진오귀'라고 한다. 이 굿을 분류하면 일반인의 망자천도를 위하여 하는 굿은 '평진오기', 중류층은 '얼새남'이고 상류층은 '새남굿'이라 호칭하였다. 이 굿은 지방마다 호칭이 다양한데 서울·경기 지방은 보통 '진오기' 충청·경상도는 '오구굿' 전라도는 '씻김굿' 제주도는 '시왕(十王)맞이굿' 황해도는 '진혼기' 평안도는 '수왕굿 또는 다리굿' 함경도는 '새남굿 또는 망무기굿' 등으로 부른다.

대표적으로는 중형 무형문화제 제104호 서울 새남굿(기능 보유자 김유감)이 있다.

5. 풍어제(용신굿)

우리나라는 삼면이 바다이어서 자연스럽게 어촌을 형성하고 거기에서 삶을 영위하는 어민들이 있다. 그들은 바다가 삶의 터전이고 양식이며 바다는 어민들에게 풍요와 행복을 주는 반면 시련과 고통을 주기도 했다. 그래서 어민들은 바다에서의 무사고와 풍어를 기원하는 풍어제를 마을 단위로 진행했다.

대표적으로는 중형 무형문화제 제82-2호 서해안 풍어제(기능 보유자 김금화), 중형 무형문화제 제82-라호 남해안 별신굿(기능 보유자 정영만), 중형 무형문화제 제82-1호 동해안 별신굿(기능 보유자 김석출, 김유선, 김용택, 제갈태오, 김영희), 중형 무형문화 제71호 제주도 도당굿(칠머리당굿)이 있다.

6. 성주굿

성주신은 가신(家神)으로 집안의 길흉화복을 주관한다. 그래서 가족들의 행복을 기원하고 가정의 액살을 소멸하기 위해서 성주신에게 올리는 굿이 성주맞이굿이다. 이 굿은 지역마다 차이가 있으며 서울지방에서는 대주 나이가 칠자가 들어가는 해(27세, 37세, 47세, 57세)에 성주맞이굿을 하고 타지방에서는 대주가 홀수 나이가 되는 해에 성주맞이굿을 한다. 또한 새롭게 집을 장만 하거나 건축할 때, 집터를 고르고 난 후 성주신을 모시고 새집에 동법이나 나쁜 기운을 소멸하고 복을 기원하기 위해서 하는 굿이다.

7. 삼신굿(삼신 맞이)

우리나라처럼 자기 자손을 특히 남자 아이를 갖고자 하는 욕구가 강한 민족도 없을 것이다. 과거에는 자손을 보지 못하면 죄인 아닌 죄인으로 살아가야 했기에 아낙네들은 삼신님께 굿을 해서라도 집안에 후사를 이어가고자 했다. 자손이 귀하고 후손이 없는 집에서 삼신님께 후손 점지를 기원하는 굿이 삼신굿(삼신맞이)이다. 우리 민족의 시조인 환인제석, 환웅제석, 환검제석(단군왕검)을 통틀어서 삼신이라 표현하는데 사서무가(사적으로 전해지는 무가)에서는 당금애기를 삼신할머니라고 한다.

8. 우환(가환)굿

집안 식구 중 병이 났을 때 하는 병굿을 상류층에서는 우환굿이라고 했다. 지금은 없어졌지만 마마배송굿이 우환굿 중의 하나였다.

9. 도당굿

한국의 모든 마을에는 마을의 수호신을 모시는 제단이나 산신당 또는 무당의 당집이 있었다. 마을의 주민들은 마을 수호신 덕분에 그들이 평안함을 영위할 수 있다고 믿어왔기 때문에 마을마다 마을 수호신을 위해 굿을 했는데 이 굿이 도당굿이다.

이 굿 역시 지역마다 호칭이 다양한데 경기도에서는 '도당굿', 경상도에서는 '별신굿', 강원도에서는 '단오굿', 평안도에서는

'당굿'으로 호칭되었다. 현재 서울지역에 존재하는 도당굿을 진행하는 신당으로는 한남동 큰한강 부군당, 청암동 부군당(이성계 영당), 마포 불당 등이 있다.

10. 풍농굿

풍년을 기원하는 굿이다. 논에는 논보다 좀 높게 땅을 돋우어 놓고 나무가 있는 그런 곳이 있게 마련인데 풍농굿은 바로 그런 곳에서 진행한다.

11. 여탐굿

환갑이나 결혼식 같은 집안의 기쁜 일을 조상에게 알리는 굿이다. 호사다마라고 좋은 경사가 있으면 주당살이 따라와 집안에 액운을 주게 되는데 그 주당살을 막고 만사 튼튼이란 말이 있듯이 경사 끝에 화가 있으면 안 된다하여 여탐굿을 했다.

여탐굿에는 다음의 두 가지 종류가 있다.

1) 혼인 여탐굿

결혼식을 올리는 남녀가 결혼식 전에 액을 막고 화합을 기원하며 양가 집안 조상님께 제를 올리는 굿이다. 특히 양가집에 청춘혼(결혼 못한 원혼)이 있으면 그 혼령에게 후손이 결혼하는 죄송한 뜻을 알리기 위해서 하는 굿이다.

2) 환갑 여탐굿

이 굿은 환갑을 맞이한 사람이 지금까지 별 탈 없이 살아온 것에 대한 감사의 뜻도 있지만 앞으로 남은 수명도 무병장수하기를 기원하는 굿이다.

무당이란..

무당이란 무교에서 신령님과 신도 사이에서 교각 역할을 하는 신령님의 사제를 통상적으로 가리키는 단어이다. 언제 어느 시대부터 무당이란 단어를 사용하기 시작 했는지는 문헌적으로나 학술적으로 명백하게 규명된 자료는 없다. 역사 속 최초의 문헌은 고려시대 이규보의 문집인 『동국이상국』에 속한 '고율시-노무편'에 무당이라하지 않고 '노무'로 표현하였고 다른 문헌들에서도 '무녀' 또는 '무격'으로 표기하였으며 무당이란 단어를 사용하지 않았다. '무당(巫堂)'이란 단어를 풀이해 보면 뜻은 다음과 같다. 무교의 의식을 행하고 무교의식을 주관하는 사람이 거처하는 공간이며 다시 표현하면 무교의 신과 사제가 함께 공존하는 공간이 무당(巫堂)이다. 그래서 포괄적 의미에서 무당이란 단어를 사용하였는지 아니면 다른 큰 의미가 있는지는 정확하게 알 수 없지만 필자가 추측하기로는 역사 속에서 우리나라는 엄격한 신분사회였기에 신분에 따라 사용하는 단어가 다르고 구사하는 언어가 다르지 않았을까 한다. 사대집이나 양반가에서 한문(漢文) 위주로 언어를 구사하고 서민층에서는 어문 위주로 표현하였기 때문에 한자와 어문이 합쳐지면서 '무당집'이란 합성어가 발생하여 사용된 것으로 추측을 해본다. 예를 들어 돼지의 족을 파는 집을 '족(足)발집', 역 광장을 '역전(前)앞'이라고 표현하듯이 무당(巫堂)을 '무당집'이라고 표현했을 것이다. 다시 말해 집은 서민들이 쉽게 알 수 있는 말로 사람이 거처하는 공간이기에 '집' 앞의 단어가 '무당'이므로 무교의 사제를 무당이라고 생각하여 사용하지 않았을까 추측하는 것이다.

그리고 무교의 사제를 '만신'이라고도 하는데 흔히 한자로 萬神 또는 卍神 으로 표기하지만 모두 다 원래의 만신이란 단어와는 차이가 있다. 정확하게 한자로 만신을 표기하면 '滿神'으로 그 뜻은 '신령님이 사제의 몸에 가득하다'로 풀이된다. 그런데 일본이 우리나라를 침략하여 우리 역사와 민족의 뿌리를 말살하고 우리의 원초적인 종교인 무교를 천대하고 억압하기 위한 일환으로 일본 학자들을 동원하여 우리 무교를 연구하면서 자기들 마음대로 만신의 '滿'자를 '萬'자로 변질시켰다. 滿에서 萬자로 변형한 이유는 우리 무교의 신령님이 만(萬)가지 종류의 신들이 있으며 정신(正神)보다 잡귀·잡신들이 더 많고 그런 신을 신봉하는 우리민족을 미신을 찬양하는 민족으로 치부하기 위해서 일본인은 서슴지 않고 우리 역사를 왜곡·날조한 것이다. 또한 만신의 '滿'자를 '卍'자로 사용한 시기는 3공화국 시절로 통치자가 국가 재건을 위해 새마을운동을 전개하면서 우리 무교를 말살하려고 국민 정서를 '무교=미신' 쪽으로 선동하였기 때문에 우리 무교인은 생존을 위해서 어쩔 수 없이 滿자에서 불교의 卍자로 변형 할 수밖에 없었던 정말 가슴 아픈 사연이 숨어있다. 동시대에 나온 단어로 아직까지 사용되고 있는 '보살'이란 단어도 같은 맥락으로 보아도 무방하다. 우리의 혼과 뿌리인 전통적 종교까지 억압하고 탄압해야만 국가의 발전을 이룰 수 있었는지 다시 한 번 생각하게 한다. 만신(滿神)이란 단어도 원래 뜻대로 표현하면 참 좋은 말이지만 무교의 사제를 표현하는 전통적인 단어가 있다. 처음 무교에 입문하여 삼년 되지 않고 무교를 학습하는 과정에 있는 사제를 가리켜 '기자(祈子)'라고 했다. 이해하기 쉽게 설명하면 현시대의 인턴(intern)과정에 있는 무교의 사제를 기자라 불렀다. 기자란 뜻은 '무교에 입문하여 굿은 아직 할 줄 모르고 빈손으로 신령님께 빌어서 의식을 하는 사제'를 일컫는 것이고, 그런 과정을 이수하고 무교의 제의식인 굿을 어느 정도 할 수 있는 사람을 '계자(繼子)'라고 했다. 계자의 뜻을 풀이하면 '신령님 뜻을 이어 계승하여 신령님 뜻으로 사는 사제'라는 뜻이다. '기자(祈子)'와 '계자(繼子)'란 단어는 필자가 무교의 제의식을 학습하는 과정에서 선생님으로부터 배운 단어들로 문헌적으로 조선 말기까지 사용된 흔적이 분명히 남아있으며 구 사제들은 현재도 사용하고 있는 단어들이기도 하다. 이렇게 좋은 단어가 있으므로 필자의 글을 읽는 독자들은 앞으로 무교의 사제를 표현할 때 '기자' 또는 '계자'로 불러주길 당부드린다. 그리고 앞으로 글을 서술하는 과정에서 필자는 무당이란 단어를 사용하지 않고 기자 또는 계자로 표기할 것이며 필자의 개인적인 소망으로는 우리나라에서 무당이란 단어보다 기자, 계자란 단어가 보편적으로 통용되길 바란다.

온실에서 자란 꽃 한 송이가
이제 막 세상 속으로 나가려 합니다.
아름다운 자태 싱그러운 향기를
온 천지에 표현하기 위해 나가려 합니다.
그런데 하늘은 저에게
온실에서 피어난 꽃은
봉우리도 피우지 말고 아름다운 자태도
향기로운 향도 다 지우고
진흙탕 속에서 피어나는 연꽃으로
다시 피어나라 합니다.

무교(巫敎)의 입문 과정

과거에는 무교(巫敎)에 입문하는 과정이 크게 4종류가 있었다. 그것은 강신무형, 세습무형, 심방형, 명두형으로 분류되며 그 기능은 각기 다음과 같았다.

1. 강신무(降神巫)형

강신무형은 신령님이 인간의 몸으로 강림하여 신령님의 사제가 되는 것으로 이 과정에서 일어나는 현상은 다양하다. 먼저 신령님이 점지한 사람이 신병(神病)을 체험하게 되는 경우도 있고 본인의 재물을 소멸하게 하는 경우도 있으며 또한 주변 사람(가족, 친척, 연인)에게 고통을 주는 경우도 있다. 강신무는 서울을 포함한 경기도와 이북 지역에 분포되어 있다.

강신체험을 통해서 신령님의 사제가 된 계자는 가무로 굿을 할 수 있으며 영력에 의해 점을 치며 예언을 한다. (『무당과 영의 세계』 발췌, 저자 김태곤)

2. 세습무형

세습무형은 혈통을 따라 조상 대대로 사제권(司祭權)이 세습되는 무로 호남 지역과 영남 지역, 강원도 일부 지역에 분포되어 있다.

3. 심방형

심방형은 강신무와 세습무 중간적 성격을 가지고 있는 무로 주로 제주도에 형성되어 있다. 혈통으로 사제권이 세습되지만 무점구(巫占具)를 통해 신의 의사를 탐지할 수 있는 능력도 지닌다.

4. 명두(태주)형

명두형은 죽은 아이의 혼이 몸에 실리는 것으로 점치는 것이 주된 기능이다.

지금까지는 과거 무교의 입문 과정을 알아보았다면 지금부터는 필자가 무교에 입문했던 과정을 바탕으로 현시대의 입문과정을 이야기하려고 한다.

내 나이 스물여섯 살이 되던 해 여름에 친구들하고 도봉산으로 야영을 갔다. 우리는 오후 6시쯤 산에 도착하여 짐을 풀고 저녁을 준비하여 식사와 함께 술을 마시고 있는데 어느 순간 산 정상에서 선녀 같은 분이 내게 손짓을 하고 있었고 그 순간 나는 마치 미친 사람처럼 정신없이 산 정상으로 올라갔다. 거기에는 동굴 하나와 노인 한 분이 있었는데 그 노인분이 나를 보고 "주인이 왔으니 드려야지요."라는 뜬금없는 말씀과 함께 나무로 된 상자 하나를 내게 주시면서 "나는 동굴에서 수행 중인데 며칠 전 큰 소나무 옆에서 이걸 캐었소. 그러다가 오늘 아침 기도하는 도중에 산신령님이 하강하시더니 물건의 주인이 오늘밤에 오니까 이걸 주라고 하시더

군요. 그래서 당신을 기다리고 있었소."라고 하셨다. 그리고는 더불어 "아직은 선인을 만날 수 없으니 일 년을 참으라."고 하시며 지금 빨리 집으로 돌아가 당신에게 준 물건을 높은 곳에 두라는 것이었다.

나는 그 분 말씀을 안 들으면 무슨 큰 재앙이 내게 일어날 것 같은 예감이 들어 친구들 에게 집으로 돌아간다는 말도 없이 그 물건을 가지고 집으로 왔다. 집에 와서 그 물건을 열어보니까 상자 안에는 목불이 들어 있었고 그 목불을 보는 순간 내 몸엔 무슨 이상한 기류가 흐르고 피부에 닭살이 돋으며 말로 표현 할 수 없는 상황이 전개되었다. 당시 내 상식으로는 도저히 납득할 수 없는 일이었고 그 노인 분이 한 말씀 역시 도무지 이해 할 수가 없어 며칠을 고민하다가 다시 그 노인 분을 만날 생각으로 도봉산 그 장소로 갔지만 그 노인분이 없어 기다리고 있는데 바위틈에서 빛이 세 번 반짝, 반짝, 반짝하며 내 눈을 스치고 지나갔다. 그 빛은 마치 커다란 불덩이처럼 일순간 나를 덮쳐오는 듯 했다.

나는 호기심이 발동하여 그 바위틈 사이를 보니까 그 안에는 쇠막대기 같은 것이 들어 있었는데 나도 모르는 사이에 내 손에는 쇠막대기가 들려져 있었고 그 막대기엔 방울이 달려 있었다. 그리고 나는 나이트클럽에서 춤을 추듯이 정신없이 춤을 추었고 내 입에서는 영어도 아니고 일어도 아닌 말들이 터져 나오고 있었다. 나는 그 순간 내 자신이 너무나 무서워 정지하려 하여도 내 몸이 내 뜻대로 되지 않고 내 의사와는 동떨어진 행동을 계속하고 있었다. 어느 순간에는 너무도 기쁘고 좋아서 함박웃음이 터져 나오고 어느 순간에는 너무도 슬퍼 닭똥 같은 눈물이 내 뺨을 타고 흐르며 무슨

사이코드라마 출연자처럼 그렇게 한 시간 정도 지나고 나니까 온몸에서 힘이 쪽 빠지면서 내 입에서 할머니 말소리 같은 소리가 나오며 하는 말이 "이제 그만 집으로 가자."하는 것이었다. 그리고 나는 어떻게 돌아왔는지도 모르게 집으로 돌아왔고 그 다음날부터 3일 동안 물 한모금도 넘기지 못할 만큼 몸이 아팠다. 그리고도 더 많은 일들이 있었지만 지면 관계상 생략하기로 한다.

나의 그런 이상한 행동을 본 누이들이 무꾸리를 하였는데 내게 신령님들이 강림하셔서 신령님들을 보필하면서 살아야 별 문제 없이 살 수 있지 그렇지 않으면 풍파가 많고 부모님 보다 먼저 세상을 하직할 수도 있다는 말을 하는 것이었다. 이에 나는 신굿을 하기로 결심하고 마땅한 신선생님을 찾아보았다. 그러나 가슴에 와 닿는 선생님이 없어 혼자서 가슴앓이를 하고 있던 중에 마침 집안에 무슨 행사가 있어 KBS 방송국의 국악PD로 있는 사촌형을 만나게 되었다. 나는 아무 생각 없이 내 이야기를 하였고 말없이 내 이야기를 듣던 형은 이지산 선생님 이야기를 하면서 지금 경기민요를 하시는 유명한 국악인들도 그 선생님께 한양굿 중에서 대감거리를 배워 공연할 정도로 한양굿에 있어서는 수장이라며 자기가 소개해 주고 싶다고 했다. 우리는 그 날로 선생님께 연락하고 창신동에 있는 자택으로 방문하여 선생님의 문하생 되길 간청하였다. 처음엔 단칼로 거절하셔서 낙심하고 있는데 형이 무려 2시간 동안이나 선생님을 끈질기게 설득하여 허주굿 날을 잡고 돌아왔다. 그리하여 이지산 선생님께 허주굿을 받은 나는 얼마 안 가서 신령님 좌정굿을 하였고, 선생님의 신아들로 무교에 입문하게 되었다.

필자의 입문과정은 이러하였다. (무교 입문 과정 중 산에서 만났던 노인 분은 '무룡도사'란 분으로 도봉산에서 많은 시간 동안 기도 수행을 하던 분이다.)

지금부터는 요즘 무교의 사제로 입문하는 과정을 알아보도록 하겠다.

필자는 굿당이나 기도를 가서 사제들을 만나면 두 가지 질문을 한다. 첫째 질문은 "언제 머리를 올렸습니까?"라는 것이다. 무교에서는 사제로 입문하는 것을 "머리를 올리다."라고 표현한다. 그 다음 질문은 "만약에 자녀가 신령님의 계자로 살아간다면 어떻게 하시겠습니까?"하고 질문을 한다. 첫 번째 질문은 별 문제 없이 답도 잘해주는데 꼭 두 번째 질문에서 문제가 발생한다. 마치 필자가 악담이라도 하는 것처럼 생각하고 노골적으로 시비를 걸어온다. 필자는 언젠가 신문에서 '요즈음 성공한 사람들은 자기 직업을 자식에게 물려주고 싶어 한다.'는 기사를 본 적이 있는데 그 때부터 계자님들께 두 번째 질문을 하기 시작했다. 그러나 그 의도를 잘못 오해한 계자님들이 시비를 걸어오는 것이다.

두 번째 질문의 결론부터 말하면 많은 분들은 대물림 하고 싶지 않다고 말한다. 그 마음이 조금은 이해가 된다. 속세에서는 계자님이 신령님을 보필하면서 많은 부를 축적 하여 호의호식 하는 것으로 비춰지지만 그런 사람은 극소수이며 대다수 계자님들은 좋지 않은 환경에서 정말 살신성인하는 자세로 신령님을 보필하고 있다. 그 과정이 힘들기에 자식에게 물려주고 싶지 않은 것이리라. 앞에서 예를 들었듯이 요즘은 자신의 직업을 자식에게 세습하지 아니하고 조선시대처럼 신분을 계승하는 사회도 아니다. 그래서 현대에

와서 세습무는 없으며 있어도 극소수다. 명두(태주)형은 요즘에도 있지만 옛날처럼 굿을 못하는 것이 아니라 학습을 통해 굿도 한다.

현시대 무교의 사제는 강신과정을 통해 입문하고 학습을 하면서 성무 한다. 요즘 입문 과정에 있는 신굿을 보면 내 상식으로는 이해 할 수도 없거니와 납득하기 힘든 일들이 자주 생겨 너무나 가슴이 아프다. 얼마 전에 매스컴에 보도된 자료에 따르면 신굿으로 인해 검찰에 고소·고발된 숫자가 무려 천 건이나 된다는데 필자는 이를 보고 큰 충격을 받았다. 우리 무교는 도제지간을 스승과 제자라 하지 않고 신부모와 자식으로 표현한다. 여기에는 스승은 제자를 배 아파서 낳은 자식처럼 여기고 보살피라는 뜻이 있고, 제자는 인간 세상의 부모님과 인간 세상을 접어두고 신령님의 사제로 새로 태어나서 신 스승을 새로운 부모로 섬기고 보필하라는 깊은 뜻이 있는 정말 소중하고 아름다운 표현이다. 그렇게 아름다운 만남을 돈 벌이 수단으로 악 이용 하는 사례가 있으니 정말 커다란 문제가 아닐 수 없다. 굳이 잘잘못을 논하자면 신 부모는 신굿을 하면서 정말 신령님이 강림하여 신령님 사제로 살아가야 하는 사람에게만 길을 열어줘야 하고, 신굿을 통해서 새로운 자식이 탄생한다고 생각하고 신굿을 진행해야 하는데 그 어떤 사심 때문에 신굿이 가지고 있는 원초적인 기본을 무시하고 신굿을 하기에 사회적으로 문제가 되는 것이다.

하지만 본질적인 문제는 지금부터 필자가 제시하는 것에 있다. 처음 무교에 입문하는 사람은 신 부모를 선택할 수가 있으며 본인의 인생을 좌지우지 하는 중요한 선택이므로 신중하게 해야 한다. 신굿을 하기 전에 신 부모가 될 사람이 어떤 마음으로 신령님을 보필하는지, 무교에 입문한지는 얼마나 되었는지, 애가 애를 낳는 경우가 종종 있으니 확인해야하고 무교의 학습은 얼마만큼 하였는지, 사생활은 어떠한지 등등을 차근차근 살펴보고 신굿보다 허주굿을 먼저 하여 본인 신명을 정확하게 파악하고 신령님을 모시는 굿을 한다면 적어도 사기는 당하지 않을 것이라고 확신한다. 필자가 열거한 이런 사항들을 확인하지도 않고 신굿을 하고 사기를 당했다면 그것은 누구의 잘못이 더 클까? 수요가 없으면 공급은 발생할 수가 없다.

〈신령님 신사맞이 中 허주굿〉

나의 정신적 지주 이 지산 선생님

우리나라 고사 성어 중에 군사부일체란 말이 있다. 임금과 스승은 부모와 같다고 하는 말인데 무교에서도 도제 사이를 스승과 제자로 표현하지 않고 신부모와 자식으로 표현한다. 나는 도제지간을 부모와 자식으로 표현하는 게 너무나 아름답다고 생각한다. 스승은 제자를 친자식처럼 여기고 제자는 스승을 부모처럼 섬기라는 뜻이리라. 얼마 전 미국에서 영어 중에서 가장 아름다운 말이 무엇인지 설문 조사를 하였는데 1위가 바로 'mother' 즉 '어머니'였다고 한다. 어머니는 자식을 위해서 무엇이든지 할 수가 있으며 심지어 목숨마저도 아끼지 않는다. 흔히들 여자는 나약해도 어머니는 강한 강철이라고 표현하지 않는가. 내 스승님은 항상 "신의 스승은 어머니와 같아야 한다."고 하셨다. 어머니는 평상시는 온화하여도 자식의 교육을 위해서는 엄격해지는 법이다. 내 스승님은 그런 어머니의 마음으로 내게 굿을 설명했고 신의 법도도 가르쳐 주셨다. 내가 굿을 잘 못할 때는 부드럽게 다시 설명 하지만 신의 법도를 어길 때는 모질고도 엄하게 나무라시며 이렇게 말씀하셨다.

"굿을 못 하는 건 아직 본인의 재능이 모자라서 그런 것이고 그것은 스승인 내가 용서하면 되지만, 신의 법도를 어기는 건 신령님께 크나큰 잘못을 하는 것이야. 신령님은 용서를 해주지 않아."

필자는 이 말을 항상 되새기며 계자 생활을 하고 있다. 그리고 선생님은 평상시에도 특히 다른 사람이 있으면 절대로 내게 반말로 말씀하지 않고 존칭어를 사용하셨다. 처음에는 민망해서 "말씀 편하게 해주세요."라고 했더니 신부(神父)님은 "서로가 존칭어를 사용해야 우리 계자님이 나이가 적어도 타인들이 말을 함부로 하지 않는 법입니다."란 말씀으로 내 입장을 고려해 주셨다. 신부(神父)님은 항상 말버릇처럼 "계자는 자기를 잘 감출 수 있어야 합니다."라고 하셨는데 처음에는 그 말을 납득할 수 없었고 이해가 안 돼 고민을 많이 했는데 지금은 어렴풋이나마 그 뜻을 알 것 같다. '개인적으로 힘들고 아픈 일이 있어도 항상 신도 앞에서는 온화한 마음으로 신도들의 이야기를 들어주고 신령님의 말씀을 냉정하게 전할 수가 있어야 한다'는 뜻을 그렇게 표현한 것이 아닌가 생각한다. 신부(神父)님은 신복도 무신도도 손수 직접 만들어 사용하셨다. 나는 그런 분을 신 아버지로 모실 수 있었던 것이 천운이라고 생각한다.

이제부터는 문헌을 통해 필자의 신 아버지인 이지산(李芝山,본명 이남희) 선생이 누구인가 알아보자.

『서울 육백년사』 「민속편」 의 〈무당〉 에서 임돈희 박사는 선생이 밝힌 신병 체험과 무당의 계급을 싣고 있다. 또 같은 책 〈무용〉 에서 정병호 박사는 "서울굿을 제대로 할 수 있는 사람이 흔치 않다. 서울굿에서 남매간인 이지산과 박어진은 가장 유명하다. 그는 큰 만신인 최순자와 왓소집 종령이 엄마에게서 굿을 배웠고, 무악은 지광희와 최석길에게 배웠다."라고 소개했다.

정 박사가 남매라 한 것은 '신의 남매' 즉 신의 동기를 말한 것으로 짐작된다. 박어진은 '오토바이만신'이란 별호로 장안을 누볐던 큰무당이다. 한양대 조흥윤 교수는 『한국의 무(巫)』 『한국 巫의

세계』 『巫-한국 무의 역사와 현상』 등의 저서에서 이지산 선생을 서울굿의 모델로 설정한 연구를 했음을 숨기지 않고 있다. 최길성 박사는 문공부 민속종합조사단이 펴낸 『한국무속지』 「서울의 무속편」 에서 이지산 선생이 '나라만신'의 계통을 이었다는 사실과 함께 경사굿 뒷전의 황제풀이를 무려 15페이지에 걸쳐서 게재했다. 관동대 황루시 교수는 『굿판의 남자들』 이란 책에서 "이지산은 굿을 잘 하는 사람이었다. 문서는 짜임새가 있고 목청도 구수했다. 춤도 품위 있고 흥겹게 잘 추었고… 솜씨가 웬만한 무녀라도 그 앞에서 입을 못 뗄 만큼 찬찬하게 굿을 해 나갔다."고 감탄하는 글을 썼다. 학자들의 연구에서 본 바와 같이 이지산 선생은 서울굿을 대표하는 인물이었다.

이는 문규필 작가가 쓴 『신의 딸 신의아들』 에 기술되어 있는 내용인데, 나라만신이란 국무당(國巫堂)을 가리키는 말로 그들 사이에도 국무당은 높이 평가되어 왔음을 짐작케 한다.

『서울 육백년사』 「종교와 신앙편」 의 〈서울 무속의 성격〉 에서 이재곤님은 "1970년대 서울에서 대표적으로 활동한 무당(박수)인 이지산(李芝山,)은 신(神)어머니가 나라만신에게 전수받은 것을 자부하고 있다."고 기술하고 있으며, 이지산 선생의 새남굿 문서를 소개하기도 했다. 또한 작가 차옥승님이 집필한 『한국인의 종교경험』 에서는 중요문화제 제104호인 서울 새남굿의 전수 교육 보조자 이상순씨가 "이지산 선생에게서 음식 차리는 법도와 천신굿을 배웠다."고 진솔하게 소개하고 있다. 전 연세대 교수인 유동식 교수가 저술한 『한국무교의 역사와 구조』 에서는 선생님이 국사당에서

나라굿을 진행하는 사진을 4장이나 싣고 있다.

이를 모두 종합해 보면 문헌적으로나 여러학자의 연구 결과로 보나 나의 신부(神父)인 이지산 선생님은 한양굿을 대표하고 국무의 계통을 승계하신 분임을 알 수 있다.

미천하고 보잘 것 없는 저에게 좋은 문서와 바른 계자로 성장 할 수 있도록 물심양면으로 가르침 주신 선생님께 다시 한 번 지면을 통해 진심으로 감사드립니다.

〈신부(神父)이신 이 지산 선생님〉

(사진: YONHAP NEWS)

한양 천신굿의 유래

천신굿의 유래는 삼국유사 기록에 의하며 고조선조에 있는 단군 신화 내용을 잠시 살펴보면 "천제인 환인제석(하느님)의 주관 아래 천신인 환웅제석과 지신인 웅녀가 인간으로 변신하여 혼례를 올리고 여기서 천제인 환인은 백일 동안 천신제를 올리며 그래서 우리의 신조인 단군 할아버지가 탄생하게 된다."는 내용이 있는데 이 때 등장하는 신조 단군 할아버지는 바로 천신의 아들로서 신인(神人)이며 무교(巫敎)와 우리민족의 근본이 된다고 하겠다.

중국의 고서인 『한서(漢書)』『후한서(後漢書)』『진서(晉書)』 등의 「동의전(東夷傳)」에 보면 "부여 마한에서는 매년 천신에 제사하는 제천 의식이 있다."고 기록되어 있는데 이로 미루어 볼 때 무교(巫敎)는 천신 신앙으로 하느님과 우리 시조인 단군님을 숭배하는 종교라는 것을 알 수 있다.

천신굿은 글자 그대로 천신님께 제를 올리는 굿으로 우리 무교의 근본이자 뿌리가 되는 원천적인 굿이다. 우리 선인들은 삶과 죽음에서 부터 나라와 가정의 길흉화복이 모두 하늘의 뜻이라 생각하고 하늘을 경건히 여기는 경천애인 사상으로 살아왔다. 그래서 국가에서는 국태민안을 목적으로 가정에서는 재앙을 막고 가정의 화목과 수명장수와 복록을 기원하기 위해서 천신굿을 했다. 이 굿은 잡귀와 역신을 퇴치하는 굿과는 취향을 달리하는 가장 청정한 굿으로 상복을 입은 사람은 참여할 수 없을 뿐만 아리라 탈상을 하기 전에는 굿을 집행 할 수 없도록 되어 있다.

우리 무교(巫敎)의 제 의식은 다음과 같다. 정월은 세배 정성을 하고 더불어 홍수 액막이를 같이 했다. 그리고 음력 4, 5월은 나라에서는 국태민안을 기원하는 천신굿을 하고 마을에서는 풍년을 기원하는 굿을 하고 가정에서는 부귀와 영화를 기원하는 굿을 하였다. 음력 9, 10월은 풍성한 추수를 감사하는 마음을 하늘에 올리기 위해서 천신굿을 했다.

천신굿을 보통 재수굿으로 이야기하지만 천신굿과 일반 재수굿과는 내용면이나 굿의 절차과정에서 많은 차이가 있다. 재수굿은 일반 서민들이 주로 하던 굿인 반면 천신굿은 궁궐이나 상류층, 부유층에서 격식을 제대로 갖춰 제를 거행하던 굿이다.

〈한양 천신굿 천궁맞이 中 제석거리〉

한양 천신굿의 구성

현존하는 한양굿으로 대표적인 것으로는 천신굿과 진오기굿, 새남굿이 있다. 문서의 본(本)으로는 구파발본 문서, 노들본 문서, 각심절본 문서가 있다. 세 문서들 중 구파발본 무가(巫家)가 한양굿에서는 종갓집이다. 그 다음으로는 노들본 무가(巫家)가 차지하고 마지막으로 각심절본 무가(巫家)가 된다.

천신굿은 우선 굿을 주관하는 계자님을 당주(堂主)라 하고 당주(堂主)는 그날 굿을 주도한다. 3명 또는 4명의 계자님이 더 참여하는데 그렇게 동참한 계자님을 청성무(請誠巫)라 하며 참석한 모든 계자님들은 굿을 분배하여 거행한다.

무악은 삼현육각을 기본으로 구성하여 반주하는데 삼현육각이란 북, 장고, 피리2, 대금, 해금으로 구성한다. 장단은 만수받이·타령·청배섭채·도살풀이·덩덕궁이·동살풀이 등이 사용된다. 굿에서 나오는 많은 노래는 모두 무교의 사제가 부르기 때문에 무가(巫哥)라고도 한다. 굿에서 무가를 통해서 신령님을 청하기 때문에 굿을 거행하는데 필수적이다. 무가의 형식은 한 장단마다 주고받는 '만수받이'가 있고, 노랫가락 및 타령과 같은 '장절무가'가 있다. 반주 음악에는 삼현도드리·자진염불·굿거리·허튼타령·당악 등으로 구성하여 굿을 진행한다. 굿에서 행하는 춤은 특별한 이름이 없고 거행하는 순서 이름을 사용하거나 또는 바라춤처럼 사용하는 도구의 이름을 붙여 춤 이름으로 쓴다.

1. 한양 천신굿의 순서

(1) 주당물림

(2) 부정청배

(3) 가망청배

(4) 가망노랫가락

(5) 제당(帝堂)맞이

(6) 천궁맞이(천신맞이)

1) 제석님거리 〈만수받이, 1, 2, 3차 공수〉
2) 칠성님거리
3) 천궁대신거리
4) 부인마마님거리
5) 호구거리 〈만수받이, 공수〉
6) 천궁제장거리
7) 천궁말명거리
8) 천궁대감거리
9) 천궁신장거리
10) 천궁창부거리
11) 천궁선황거리
12) 천궁영산
13) 천궁뒷전거리

(7) 산신님거리

1) 산신님

2) 도당부군님

3) 산신대신님

4) 산신호구님

5) 산신재장·말명

6) 산신신장님

7) 산신대감님

8) 산신창부님

9) 산신걸립 · 선황 · 영상 · 수비

(8) 말명거리 (가망 본향말명 조상거리)

(9) 대신거리

(10) 성제마마님거리

(11) 장군거리

(12) 별상님거리 (작두거리)

(13) 신장거리

(14) 대감거리

(15) 안당불사거리 (불사, 천왕, 중상거리)

(16) 성주거리

(17) 창부거리

(18) 뒷전거리

천신굿은 위와 같은 순서로 진행되며 저녁 10시경부터 시작하여 다음날까지 하는데, '천궁맞이(천신맞이)'가 있어 꼭 밤에 시작해야 한다.

일반적으로 굿을 열두거리라고 하지만 굿은 열두거리보다 더 많은 거리수가 있으며, 언제부터 무슨 이유로 굿을 열두거리로 표현했는지에 대한 정확한 기록은 없다. 다만 『경국대전』에 의하면 "국행 기우제는 열두 제차로 했다."라는 기록은 있는데 여기에도 열두 재차에 대한 설명은 없다. 또한 한양 천신굿도 열두 거리 보다 더 많은 거리수를 가지고 있다.

2. 천신굿의 신령님 상

우선 신령님들 제단에는 제당(帝堂)맞이상, 천궁맞이상(불사님상), 본향산상(산신님상, 조상님상), 전안상(장군님상), 대감님상, 안당제석상, 성주님상, 뒷전상(상문상, 걸립상, 성황상, 영산상)이 있다.

신령님상 마다 올리는 음식이 다르고 특색이 있으며 금기하는 음식도 있다. 제단에 올리는 제물은 나중에 각거리를 소개하면서 상세히 설명하도록 하겠다.

3. 한양 천신굿의 신령님 의복

한양 천신굿에서 사용하는 신령님 의복은 조선시대 궁중에서 관료들이 입던 군무복을 약간씩 변형해서 신령님 의복으로 사용한다. 신령님 의복으로는 조선시대 무관의 당상복(堂上服)이던 홍철릭과 당하관복(堂下官服)이던 남철릭, 문무관(文武官)의 군복(軍服)이던 동달이, 전복 별감 의복이던 홍직령 등등이 있고 이들 의복들은 임금님이 행차할 때 문무백관들이 입었던 의복들이다. 그 밖에도 궁중무녀복(宮中巫女服)인 몽두리 그리고 당의, 협수, 백장삼, 회색장삼, 여자 혼례복인 활옷, 원삼, 홍청대란치마, 청홍대란치마, 홍스란치마, 청 스란치마, 백 치마 등등이 있다.

신령님 의관으로는 제석님 및 불사님의 고깔(흰색, 회색)이 있고, 장군님 의관은 주립(朱笠)에 호수를 꼽아 장식하며, 산신님 의관은 홍립(紅朱)에 꿩털을 꼽아 장식하여 사용한다. 신장대감님 의관으로는 전립(벙거지)을 사용하고, 부정청배 의관은 홍립에 보리수대를 꼽아 장식한다.

신령님 의복이나 의관은 각거리를 소개할 때 구체적으로 설명하도록 하겠다. 조선시대 이전 신복은 문헌상으로 자료가 없어 구체적으로 파악하기는 어렵지만 필자 생각으로는 조선시대 이전에는 신복이 없었던 것으로 사료된다. 그렇게 생각하는 이유는 두 가지가 있다.

조선시대 사회에는 엄격한 신분제도가 있었다. 신분에 따라 관직, 납세, 군역, 형죄 등이 차별되고 의식주 생활양식에 차등이 생겼다. (『한국의 복식문화』에서 발췌, 저자 백영자)

다시 말해 고려시대의 관복이 조선시대 관복보다 다양하지도 않고 굿에서 사용하는 철릭이라는 의복도 고려말기에 중국 명나라로부터 들여와 사용하기 시작했으므로 만약 고려시대에 신복이 있었다고 해도 그 종류는 다양하지 않았을 것이며 그 형태도 단순했을 것이다.

또 다른 이유는 지금의 신령님 의복들이 앞에서 설명 한 바와 같이 조선시대 군무복을 모델(model)로 삼아 제작되었다는 점이다. 즉 신복을 제작하면서 근본으로 할 신령님 의복이 없었기 때문에 궁중 군무복을 모델로 하여 약간씩의 변형을 주어 제작했을 것으로 추측된다. 그렇다면 '왜 궁중의 군무복을 모델로 삼아 신령님 의복을 제작 했을까?'하는 의문이 들 수도 있다. 조선시대 임금님은 신(神)이고 지존이었으며 중국에서는 황제(皇帝)로 불렀다. 지존이 계신은 곳이 궁이므로 신령님 의대 역시 궁중 의상을 근본으로 제작했을 가능성이 매우 높다.

필자가 신복을 공부하면서 또 하나의 해석이 가능하다고 생각한 부분은 무교의 굿이 조선시대에 와서 새로운 형태로 변모하지 않았을까 하는 추측이다. 제의식이 조선시대 이전에는 혼자 앉아서 독경하는 좌경 및 불교와 무교가 연합한 범패·작범무 등의 형식을 갖춘 굿에서 조선시대에 이르러 지금처럼 여럿이 함께 하는 굿으로 변모하면서 굿이 거대해지고 웅장하며 화려하게 변화했을 것으로 사료된다. 그 이유는 궁중에서 가장 거대하게 제의식이 행해졌던 때가 조선 연산군 시절로 연산군 어머니 패비 윤씨를 추모하기 위해서 거의 매일 같이 추모제를 성대하게 올렸다는 기록과 연산군이 풍류와 화려한 복색을 좋아했던 점을 고려할 때 지금 형태의 굿으로 변모하지 않았을까 추측할 수 있다.

한양 천신굿에서 사용하는 기물로는 신장칼, 오방기, 부채, 방울, 대신칼, 삼지창, 월도, 작두, 청룡 언월도, 장고, 바라, 삼현육각 등이 있다.

〈한양 천신굿 천궁맞이 中 불사전 발원〉

주당물림

한양 천신굿은 자시(子詩-밤11시부터 12시 사이)를 기점으로 천궁맞이를 해야 하기 때문에 반드시 밤에 굿을 한다.

저녁 9시부터 모든 음식물을 신령님 제단에 진설하기 시작하여 굿 준비가 완료되면 부정청배에 앞서 맨 처음으로 주당물림을 한다. 주당물림이란 굿청(굿하는 장소) 또는 음식물에 따라온 잡귀·잡신류와 관련된 '주당살'이란 혹독한 기운이 있어 이 기운을 제거하는 과정이 주당물림이다.

우선 굿청 문입구에 억사별 군웅님의 의복인 홍직령(홍철릭과 비슷하나 흉배가 없고 궁중에서 대전별감이 입던 관복)을 걸어 놓고 장구와 제금을 맡은 계자님만 남고 모든 사람들은 굿청 밖으로 나가야한다. 주의할 점은 굿청 처마 밖으로 완전히 나가야 한다는 것이다. 굿청에 남아있는 계자님은 장구와 제금으로 굿거리 당악으로 느리게 연주하다가 잡자기 빠르게 연주하는데 이 연주는 신령님을 청배하는 장단으로 잡귀·잡신이 혼비백산 하여 우왕좌왕 할 때 사람이 있으면 치명적으로 주당살을 맞게 되기 때문이다. 보통 주당물림을 할 때 산신님 신복인 홍철릭을 굿청문 옆에 걸어 놓는데 그것은 정말 잘못된 것이다. 주당물림 무복은 산신님 신복이 아니고 따로 있다. 바로 억사별 군웅님의 신복인 홍직령을 걸어 놓아야 하는 것이다. 주당물림이 끝나면 본격적으로 천신굿의 의식이 시작된다.

부정청배

주당물림이란 주술적 의식이 끝나면 모든 사람들이 다시 굿청으로 들어와서 수장인 계자님이 평복 차림으로 부청청배를 한다. 부정청배 이전의 과정은 굿을 하기 위한 준비 과정이라면 부정청배는 굿을 여는(open) 과정이다. 한양 천신굿을 선거리라고 하는데 부정청배는 한양 천신굿 중에서 유일하게 앉아서 독경으로 하는 거리이기도 하다. 부정청배의 정식 명칭은 '부정퇴송과 신령님 청배'인데 약식으로 부정청배라고 통상적으로 사용하고 있다. 부정청배을 하는 이유는 굿당에 있는 부정과 그날 오신 분들을 따라온 부정, 제물에 묻어온 부정을 소멸하고 굿을 참관하시는 신령님들을 청배하기 위해서다. 우선 쟁반에 신장님칼, 오방기, 소지 3장, 맑은 물, 재물, 소금물을 준비하고 장구 노랫가락 장단에 부정청배 독경을 시작한다. 부정청배 말미에 가면 이런 대목이 나온다.

영정가망놀아나오 / 부정가망놀아나오 / 뜬부정도 놀아나오

여기서부터 장구 장단은 휘모리장단으로 변하면서 다른 계자님은 바라를 치고 또 다른 계자님은 부정물, 부정칼 또는 오방기 등을 가지고 굿청 안을 돌며 마지막으로 소지 3장을 소하면서 부정청배를 마무리 한다. 부정청배 독경이 끝나면 당주는 제갓집에게 신령님 제단 위 초에 불을 밝히게 하고 향을 신령님께 올리게 한다. 제갓집에서 위 과정을 하고나면 부정청배한 계자님은 가망청배를 시작한다.

◉ 부정청배

영정가망 / 부정가망
0씨 가중 / 시위들 하소사~~
들리도 영정에 / 난니도 부정
조라주 영정에 / 전물도 부정
산이슬 영정에 / 피이슬 부정
이웃은 근방에 / 은하수 곡성도 / 부정~~
신나비 영정 / 백나비 부정
산넘어 온 영정 / 들넘어 부정
입으로 옮겨 / 귀담어 듣던 / 영정이며
연주전창에 / 듣던부정 ~~
발자취에 / 묻어들던 / 영정이며
치마폭에 / 따라든 부정 ~~
산에올라 / 산머구리 / 들로내려 / 들머구리
마당머구 / 땅머구리 (* 머구리 : 개구리 *)
날짐승의 / 길버러진 / 살생도 부정
말을잡아 / 대마부정 / 소를잡어 / 설파부정

개를잡어 / 영산부정 / 닭을잡어 / 뜬 부정~~

천하로는 / 불부정요 / 지하로는 물 부정요

외상문 부정 / 내상문 부정

선후부정을 / 전전이 물리여 / 주소사~~

내외야 제상으로 공수하시다

천신 대 감응으로 천신전물영정

시위들 하소사

햇상년 으로 기우시면 00년해운이요

달삭과존위로 기우시면 00달절기요

날로지공수로 기우시면 00날공사요

사옵는 거주 지접으로는 해동은 대한국00도

00시 오부장내00동 00~00번지00호

안속은본향에 거주하옵고 성명과 존위로는

0씨가중 0씨양위부처 남녀자손을 거느려

사옵는데 이정성은 다른정성 아니오라

재수발원 수명발원 정성이옵니다

이정성을 받으시고 조문없고 처진공사없고

미진간세도없이 접지들 하소사
내외야 제상으로 공수하시다
천신 대 감응으로 천신전물영정
시위들 하소사

천상에올라 천상호구 천궁호구
해가돋아 일광호구 달이비춰어 월광호구
일광월광 양일광으로 일월호구
사해로내려 용궁호구 용신호구 부인호구
백옥남산 불사호구
동방재산 칠기지 명산천에
상단호구 중단호구 하단호구
상중하단 성인호구 만신몸주 대신호구
양주본향 본향호구 송악중대 북악상대는 상대호구
육조삼발 부군호구 각심절본 도당호구
이도량산 살륭호구 부군도당
외살륭이면 내살륭호구
동관왕묘 남관왕묘 정전안에 대전호구

유천은 전안이요 삼천진증 지밀안에

정전호구 내전호구 사위로는 삼당호구

구내로는 제당호구 십이제당 말명호구

그연상산 정전호구 수영반장 전헐호구

왕십리 수풀당에 자겨호구

열네애기 당좌호구 양화도 덜머리 금성호구

물건너 하주당 매당왕신 산할호구

두도련님 서자호구 이나라에 이씨호구

저나라에 홍씨호구 강남대국 사신호구

전라나주 창부호구 0씨가중 본향호구

부리호구 신위호구 자리동 집동호구

성준호구 본준호구 손각씨호구

인하위 받으시고 신하위 받으시고

하리재사없이 도와주고 밝고맑은 복을주고

안과태평 도우소사

내외야 제상으로 공수하시다

천신 대 감응으로 천신전물영정

시위들 하소사

환인제석 환웅제석 단군제석

위로는 삼신제석 하늘로는 천궁제석

안당으로 안당제석 석자세치 후대제석

자세치 고깔제석 박아지로 넝쿨제석

항아리로 진등제석 안에안당 불사제석

쉰대자 장대필 마흔대자 중대필 굽이

꺾어 안고놀고 지고 노시다

동두칠성 남두칠성 서두칠성 북두칠성

사부칠성 중앙가운데 삼태육성 호별성님

마흔일곱마 일곱치는 대절이요

스믈일곱마 일곱치 중절이요

일곱마 일곱치는 소절이요

0씨가중 남매자손 거느려도

짧은명은 이어주고 긴명은

서려담고 무쇠목숨 돌끈달어

무량대복을 점지하여 주소사

신위들 허소사

성명과 존위로는 0씨댁 가중에
0씨기중님에 원앙의 쌍을지여 금슬은
연을모아 백년동락 사옵은데
부모님 선세로부터 부리도 유궁하고
신위도 가득하고 가문에 필덕에
좋은슬하에 이태말미 삼년 시력 굿 주어
마 다고 않이하는 가중이옵고
정월이면 세배살이 꽃피여 만발하면
진달래 화전맞이 사월관등맞이 오월은
앵도진상 유월이면 황밀천신 칠월이면
수단천신 팔월이면 서즐과천신 구월시월
새단풍에 햇곡이 우거지고 신곡이
재천하면 신곡맞이 받으시고 천존맞이
천궁맞이 받으시고 신위들 허소사
치어잡아 삼십삼천 내려잡어 이십팔수
스물여덟 지지와서 옥황상제 천존불사
청궁불사 사해로는 용궁불사 억만미륵
팔만성군 구만불사 석가여래 세존불사

미륵불사 도사불사 해가돋아 일광불사

달이빛추어 월광불사 양일광에 일월불사

처사불사 중불사님 선불사님 수위런지

석가여래 관음세지 양대보살 억만미륵

팔만성군 구만불사 오십삼불 미륵불살

과천관악산 연주대 열여섯분 나한불사

선바위 선부처님 자문밖은 해수관음

청량사 개운사 신중불사 신위들 허소사

글애재석 누린것도 마다시고

비린것도 싫다시든 불사제석님

남생기는 여복덕이요 일상생기

이중생기 삼하절체 사중유혼 오상화해

육중복덕 칠하절명 팔중본궁 갈아내여

대문전에 황토배설 하고 정한사람

나갈세라 더러운 사람 들어올세라

인줄배설하고 인간기우 청결히 하고

00양위님이 이정성을 지극정성으로

하옵고 남녀자손 명도빌리정성

복빌이 정성입니다

소소하고 약속하와도 태산같이

바드시라는 정성입니다 시위들 하소사.

내외야 제상으로 공수하시다

천신 대 감응으로 천신전물영정

시위들 하소사

육천은 전안이며 삼천은 지밀이요

대절청정 영문웅무 덕승연정 관성제군님

문창제군 부우제군 삼제군님 소열황제님

옥황천존 천지신명은 일월성신 전무후무

제갈공명 와룡선생 옥천대사님 오호대장

날랜장수 장장군 조장군 우마군령 백마신령

동관왕묘 남관왕묘 유관장 삼형제분

범같은 산령님 초록같은 임신네요

하늘같이 높으신마음 지하같이 굽으시고

좌우정성 태산같이 받으시고 상덕입혀

점지를 하소사

안산은 여덟이요 밧산은 열세위라

일곱지명산은 제불지 대찰이요

신덕물 후덕물 마노라 가사위는

덕물산 최영장군 의일장군마노라

황해도평산 신장군 제주도한라산 여장군

마노라 만국충신 임장군 밀물에 오르시고

썰물에 내리시다 사해로 용장군님 열병에도

원수 파주파평산 윤씨대왕 이요

적성은 감악산 빗돌대왕 은 천존대왕이요

안산군자봉 김부대왕 길아래 삼천병마

길위에 오천군사 우마작대 거느리고

산깊이 기우시고 골깊이 기우실제 앉아 삼천리

섯주어 연경만리 지척갈이 굽으시고 감든마음 풀으시고

약소하고 소한정성 장래를 길게보고 원래를

생각하셔 태산갈이 받으시고 정성덕 입히여 주소사

내외야 제상으로 공수하시다

천신 대 감응으로 천신전물영정

시위들 하소사

이나라 이씨별상 저나라 홍씨별상

강남대국은 산신별상 마노라 수원은

대목안에 뒤주대왕 세자대군 장헌세자

양전마마 김포통진 새별상마마 육장으로

호구별상 마노라 경복궁 웃대궐

창덕궁 아랫대궐 종묘사직 위패를

받으시고 욕심많고 탐심도 많으시다

정전안에 내전별상 좌영문취타대

우영문세악수 받으시고

신사덕 입히여 주소사

협도자 소소디리천내글러 재수열고

운수열어 백만사대길하게 받들어 주소사

입히여 주소사 내외야 제상으로 공수하시다

천신 대 감응으로 천신전물영정

시위들 하소사

남말명 여말명 설명돌아 대신말명

사위로는 삼당말명 국위로는 제당말명

금성왕신 대신말명 고연으로 상산말명

양위본향 본향말명 열네애기 당좌말명
물건너 하주당 매당왕신 산할말명
왕십리 수풀당 자겨말명 사직종묘
열여섯자 두도련님 서자말명 00댁가중
선대후대 달아 조상말명 00댁가중
안당제석 호구말명 00댁가중 부리말명
신위말명 하늘아래 부모혼신 아버지
어머니 업제장 복말명이요
성주로는 업위말명 터주원주 집주말명
이고량산 산말명 도당말명 용궁당에
용신말명이요
오시라 청좌하니 썩은손목 마주잡고
행길마루 꽃밭으로 들거니 밀거니
앞서거니 뒷서거니 오셔서
잔상에 노리하고 공상에 좌천하사
열 스물이 희망하야 한잔술에 놀고나서
이러니 탈이없고 저러니 제사없이 도우소사
오시는 길에 명주시고 회전하시는 길에

복을 주시고 점진대복 을고루 점지해
주시고 내외야 제상으로 공수하시다
천신 대 감응으로 천신전물영정
시위들 하소사

천궁대감 일월대감 재복대감 사해로는
용궁대감 상산대감 본향대감 외상륭
부군대감 내사륭 도당대감 사위로는
삼당대감 국위로는 제당대감 망우리로
성황대감 사신은 군웅대감 벼슬대감
보물은 식신대감 대주로는 몸주대감
기주로는 직성대감 만조상에 제장대감
만인간에 열립대감 천장사 장사대감
만영업 사업대감 욕심많으신 내대감님
탐심많은 내대감님 좌영문 취타요
우영문 수악수 풍류거양에
각시루 불립에 왼시루 떡판이요
큰돗잡아 허리찍고 작은돼지 잡아서 꽁지찍고

양지머리 걸안주요 대양푼에 갈비찜 소양푼에 영계찜
안고 노시고 노실제 이정성 약소하고 소소한 정성여두
태산같이 굽이시구 재수열고 운수열어 도우소사
이터전 이마전 여터주 여대감 남터주 남대감님
앞문지기 하주대감 뒷문지기 시주대감 수문장은 패장대감
어사대감 순라대감 산나무 수살대감 목신대감 성주대감
주저리로 긴업대감 인업으로 청갑씨 후갑씨 도깨비대감
터왕터전 지신대감 텃대감님 이정성 받으시고
재수열어 소망생켜 은자보물 숨은철량 생기어 주시고
나갈제 빈바리 들어올제 찬바리요
억수장마 비퍼붓듯 대천수에 물밀듯이 재물늘여 주시고
골이차고 문이미게 삼사동갑 오육동갑 늘어나게
도우소사 내외야 제상으로 공수하시다
천신 대 감응으로 천신전물영정
시위들 하소사

해떠왕신 달따와신 밀물왕신 썰밀왕신
살룡왕산 일광왕신 성주왕신 마노라

물건너 화주당 매단왕신 양화도 덜머리
금성왕신 다자구 덜자구왕신이요 산깊이
기우시고 골깊이 기우셔서 분분한 세월이
돌아가도 험하고 모진일 물리시고
삼년세월 편안허구 이태말미 무구하게 도우소사
업성주 마노라 복성주 마노라 와가성주는
대가성주 오다가다 길마성주 표골장군 마노라
초년성주 이년성주 유년성주 노제성주
초년성주는 스물일곱 이년성주는 서른일곱
유년성주는 마흔일곱 쉰일곱은 대성주요
예순일곱은 노제성주 아홉아들 한딸애기
일곱성주 삼부인 마노라 거느리고 제일명당 터을잡어
대공보 대들보아 전좌하사 낮이면 햇님을 마다시고
밤이면 찬이슬을 마다시든 내성주님 그늘에서
가중이 편안하고 자손들이 무고하고 만사가 대길하고
눈큰놈 발큰놈 의적떼적 강적수적 항하도적 다물려서
도우시고 가스불에 전기불에 화재수도
없이도와 주소사

나비명당은 날아들고 물명당은 흘러들어
천년지덕 늘이시고 만년안택 시위들 허소사
내외야 제상으로 공수하시다
천신 대 감응으로 천신전물영정
시위들 하소사

남걸립은 여걸립이요 사해로는 삼당걸립
국위로는 제당걸립 설명도라 대신걸립
치어달어 성주거립 내려밀어 지신걸립
오구가구 왕래걸립 앞문전에 화주걸립
뒷문전에 시주걸립 만인간에 여립걸립
남걸립은 져들이고 여걸립은 여들여서
은자보물 습은청량 골이차고 문이 메우게
생겨주고 도우소사
내외야 제상으로 공수하시다
천신 대 감응으로 천신전물영정
시위들 하소사

선황관주 말명관주 일곱말관주 아흡말관주 열두말관주

보타산 서천여울 말명부인 선명부인 매화부인

사관주마노라 놀으신 자취마다 살피시고

따라가는 주당없고 물어가는 주당없이 도우소사

00댁가중에 날근집 새재목 새집에

날근재목 나무달아 목신동법 흙 달아

토신동법 돌달아 석신동법 열두달 과년은

열셋달에 허덕지덕 끄리든 동법이랑

물리어 주소사

내외야 제상으로 공수허시다

천신 대 감응 으로 천신전물영정

시위들하소사

남성황은 여성황이요 불의성황 신에성황

동두길진은 되내미 성황이요 남두길진은

오수재 성황이요 서두길진은 성황이요

북두길진에 자문안 성황이요 상산으로

산릉성황 도당으로 도당성황 마을마다

부군성황 거리거리 노제성황 대신성황

가위실밥 홍두깨 통비단에 예지색지

왕래동법 청색무색 왕래한 채단동법

목판기 쟁반기 왕래동법 일년은 열두달

과년은 열셋달에 허덕지덕 끄리든 동법이랑 물리시고

인간이 넘나들고 자고가도 인동법을 소멸하고

오늘이 정성받고 손재실물 없이하고

0씨가중 슬하곤숙 열액재액 삼재팔난

소멸하여 도우소사

내외야 제상으로 공수허시다

천신 대 감응으로 천신전물영정

시위들하소사

남맹인은 여맹인이요 불의맹인 신의맹인

원주집주 맹인이요 곽곽선생 이순풍 홍계관이

제갈무후 상통천문 하달지리 가든맹인

애삼석삼 피삼이요 안질곤질 외다락지

쌍다락지 가든맹인 신사끝에 우환없고

거리에서 낙망없고 대수대명 물리어서
도우소사 내외야 제상으로 공수허시다
천신 대 감응 으로 천신전물영정
시위들하소사

설명도라 뜬 영산 빛달은 영산 색달은영산
불의영산 신의영산 이름알고 성도알든 영산
산에올라 호영산 들로내려 제갈영산 만경청파 수살영산
열병시병 가든영산 활총마저 가든 영산 뭇영산
수많은 때 영산 앞에 얼신거리는 일없이
0씨가중 여랑에 처지지말고
양귀비 조밥에 수귀비 조밥이요
원산말뚝에 축원받고 덕담받고
고픈배 불리고 마른목 적시어서 젖인것은 먹고가고
마른것은 싸서지고 질빵걸어 지구지구 여영산은 이구이구
인정받구 노자바구 밤이면 불을밝고 낮이면 물이맑고
수화천명 가추어 말켜 봉황이 넘나들고
논이듯이 일월이 비치듯이 서기가 방광하듯이

재수좋게 좋게하고 인명늘고 좋게하고

평판에 물담은 듯 열심에 한결같이 장류수 물결같이

춘하추동 사시사철 한결같이 도우소사

내외야 제상으로 공수하시다

천신 대 감응으로 천신전물영정

시위들 하소사

내상문 외상문 신상문 구상문 늙은이

죽어 마령상문 젊은이 죽어 애통상문

은하수 곡성도 상문 통부고서 따라온상문

뜰네귀 범한상문 사랑채네귀 범한상문

외 행낭 내 행낭 범한상문 마루대청 범한상문

안방 건너방 네귀 범한상문 유다락에 범한상문

지초부의 왕래하고 낮이 면조대한고 밤이면 서대고

재수하리 우환가환 끄리든 여러 상문들이 식거완성

받아 공상에 재천하고 머리 큰 원산북어

양귀비 조밥받고 오는길 회전하고 멀리월강 물어가며

목판기 쟁판기 누룽적 물탕수며

고사쟁반 제사음식 잔치음식 불공반기

들지라도 위도탈도 없아하고 도우소사

내외야 제상으로 공수허시다

천신 대 감응으로

천신전물 영정 시위들 하소사

장고와 제금으로 잦은 장단을 울리며 부정물과 소지 돌린다.

영정가망 노라나오 부정가망

노라나오들이부정 노라나오

난니부정 노라나오 외상문이 노라나오

내상문이 노라나오

잿물에 당분염물에 맑은에 소시삼장

실실이 전전이 소수당당이 구비전전이 노라나소사

선천명월이 하워나본 듯

이어서 당주는 제갓집에게 초에 불을 밝히고 향을 살라 굿청 제단에 올리라고 한다. 제갓집에서 위 과정을 하고 나면 부정청배한 계자님은 다음 과정인 가망청배를 시작한다.

〈부정 청배 후 부정물로 정화 하는 과정〉

가망청배

가망(家亡)청배란 단순하게 생각하면 한 가정의 조상님을 뜻하지만 포괄적인 의미로는 우리의 국조인 단군왕검님을 뜻하는 단어이다. 우리민족 또는 한 가정의 혈통의 근본은 단군왕검님이기 때문이다. 앞에서 설명했듯이 한양 천신굿은 국가에서는 국태민안을 목적으로 가정에서는 재앙을 막고 가정 화목 및 수명장수와 복록을 기원하기 위한 목적으로 행해졌기 때문에 총괄적 의미로 가망청배라고 하는 것이다. 조흥윤 교수가 저술한 『한국의 샤머니즘』에서는 가망신을 다음과 같이 표현했다.

“한국 무교에서 신령님들은 모두 한국인의 조상의 성격을 갖고 있으므로 가망신을 확대해서 이해하자면 한국 무교의 모든 신령님이 가망신이 된다. 그리고 굿청에서 가망신의 굿상이라면 굿청에 차린 굿상 전체에 해당하는 것에서 넓은 의미로서의 가망신의 성격을 확인한다.”

무교는 우리민족이 한민족임을 중요시하여 굿에서도 한 가정의 조상만 축원하는 게 아니라 혼란한 시절에 사망한 분들도 함께 축원한다. 예를 들어 고려시절 호국(胡國)을 위해 끌려가서 돌아가신 여인들을 위한 호구거리, 전쟁에서 사망한 사람들을 위한 군웅거리 등이 있으며 그 분들을 단순하게 생각하면 남이지만 포괄적으로 생각하면 우리 혈육이 되므로 가망거리에서 그런 모든 이들을 가망신령으로 청배하는 것이다. 가망청배 무가(巫哥)를 보면,

설(舌)게받아 오신가망 말(襪)게받아 오신가망
설게는 말게시면 조선마(馬)편에 우래등성이라
걷는마채를 치고 닫는마 석을불여 돌아오시다.

라는 대목이 있는데 이것은 신령님께서 계자의 혀와 발을 통해 내리신다는 뜻이다. 그러므로 계자는 항상 입이 청결해야 하고 버선발이 예뻐야 한다. 여담이지만 필자의 스승님인 이지산 선생님을 처음 대면하는 자리에서 첫 말씀이 필자의 발 사이즈부터 물어보셨다. 그 정도로 계자는 버선 신는 발이 예뻐야 한다. 굿청에서 버선을 신지 않고 있다가 선생님께 들키면 그 날은 굿이 끝날 때까지 굿청에 들어갈 수 없을 정도로 엄격했다. 그래서 필자는 평상시에도 신령님 전안에서 속버선과 겉버선을 신고 생활한다.

◉ 가망청배 (앉은 청배)

초가망 이가망 삼가망 조라가망 전물가망

말襪게받아 오신가망

설舌게받아 오신가망

설게는 말게시면 말게시 설게시다

조선마(馬)편에 우래등성이라

걷는마채를치고 닫는마

석을불여 돌아오시다

먹우리 반비춰로 조라주 전물 가망이요

만신 몸주로는 대신가망 천자 대국의 사신가망

사외삼당 가망 국위로는 제당가망

사직종묘 위패가망 금성으로 대신가망

그연으로 상산가망 사해로는 용신가망

수양반장 전헐가망 육조삼발 부군가망

도당가망 육천전안 좌우로는 신장가망

월대상대가망은 산신가망 살륭가망

안당제석 성주가망 성주로는 업이가망

조비조상은 조상가망 이옵고

해상년으로 기우시면 00년해우년이요

달삭과존위로는 00달절기요

날로공사로 00날공사요

사옵는거주터전은 해동은 대한민국

00시 00구 00동00번지00호

국가원당 궐안이옵고 0씨가중 0씨기주

양위님이 자손남매 거느리고 사옵는데

부모님 선세로부터 불의도 유궁하고

신 에도 가득하고 가문에 필덕에 좋은슬하에

이태말미 삼년시력 위하고 대우하던 가중이요

이정성다른 정성이 아니오라 겹사많은

정성이요 재수발원 명빌이 복빌이 정성이요

소천왕 소본향 육산은 육본향 성주신

본향이요 씨주신 양산이요 하늘아래

부모존전 양위신령 본향본산 신령님들 수위에서

산 깊이 기우시고 골 깊이 굽으셔서

소원성취 시위들 하소사

내외야 재상으로 공수하시다

가망영정 시위들 하소사

산신은 토신이요 후토신령 남산와룡당

선바위 국사당신령이요 본주본산 아홉산신

후토신령님 좌청룡은 우백호요 청룡백호

내린줄기 산신령님 그늘에 부군님 궐안에

살아가도 0씨가중 천년지덕 늘이시고

이태가 무구하고 삼년이 편안하게

받들구 여들어 점지를 하소사

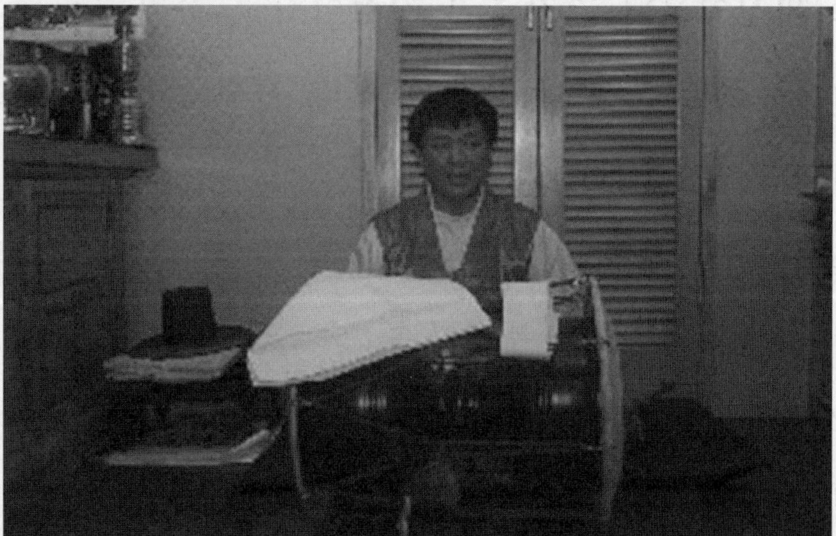

〈가망청배〉

◉ 본향가망 노래 가락

천리소하니 본향 양산 산에를 올라

우염 ~ 단심이요

굽이 설산에 돌아오시니 설상에

매화 진꽃이 나비를 본 듯 본향 신령님

오시는 길에 가야금줄이 다리를 놓소

가야금줄 열두줄이니 어느줄로나 내려오소

줄아래 덩기덩소리 노니시고 본향양산

잡으신잔에 잔에~잔마다 이슬맺소

그잔도 외잔이오나 드시옵고 지성이라고 잔비우리

일광에 수 없는 잔을 드시옵고 신에 하위를

하소니다 0씨가중 본향님 하위 님조차

하위오나 양산 신령님 하위라고

천만년수 빌러를 왔소 부모자손 만~ 안년수

천년 산수를 빌고 만년지수에 복을빌어

삼천년 한오백하니 자손이 창성~저치시고

저치소사 액운액살 다쳐치소사 마누라

구설관제를 다저치시어

생기시고 생켜도주오 장안성밖에 재수소망
마누라 심중소원을 다 도우소사

〈굿청 전경〉

사위제당 맞이

(궁리제당(宮裏祭堂) 사위삼당(四圍三堂) 맞이)

지금까지는 신령님들께서 오시라고 부정도 치고 청배도 하는 좌경굿이었다면 사위제당맞이 부터는 서서 하는 입청(立請)굿으로 전환하여 굿을 진행한다.

먼저 사위제당맞이의 의미를 살펴보면 조선시대 한양에 궁리제당과 사위삼당이 있었다. 우선 궁리제당을 설명하면 국가적 기제가 있으면 목면산(現 남산)에 있는 국사당에서 제의식을 거행했다고 한다. 국사당은 일제 강점기 시절에 인왕산으로 이전하여 현재는 목면산 그 자리에 팔각정이 있다.

다음으로 '사위'는 4개의 선황 개념으로 이해하면 되는데 왕십리 수풀당 앞에 있는 선황(애기씨 선황), 목면산에 있는 우수재 선황, 인왕산 국사당 앞에 있는 국사당 선황 그리고 양화도 덜머리 선황을 일컫는다. 예전에는 신도 집에 우환이나 관재수가 있으면 사위 선황을 돌면서 치성을 하여 제갓집의 우환도 막아주고 관재도 풀어 주었다고 한다. '삼당'은 왕십리 수풀당, 양화도(망원동) 금성당 그리고 구파발에 있었던 사신당을 일컫는다. 이 중에서 금성당은 조선 7대왕 세조 친동생으로 단종 복위사건에 연루되어 사약으로 사사되니 그 영혼을 모신 사당이다. 지금은 삼당 중 금성당과 사신당은 손실되어 없고 왕십리 수풀당만 존재하고 있다. 서울에 있는 무교의 사제님들은 마지막 남아있는 수풀당이라도 소중히 생각하여 무교의 성지로 보존해 주기를 바란다.

사위제당거리는 신령님을 마중하는 거리로 타 지역이나 일반굿에서는 볼 수 없는 굿 순서이다. 앞에서 설명했듯이 한양 천신굿은 격식과 절차를 중요시하는 굿이므로 신령님을 마중하는 사위제당맞이를 진행하는데, 마당에 제당상(선수상(膳羞床))을 차리고 그 옆 소반에 수비·영산상을 차린다. 당주 또는 수장인 계자님이 하얀 속치마를 입고, 그 위에 남색 치마를 입고, 다시 그 위에 홍치마를 입고, 굿청 문입구에 걸어 놓았던 억사별 군웅님의 의복인 홍직령을 입은 후에 홍립에 보리수대를 꼽아 쓰고 양손에 길지와 방울, 부채를 들고 거성을 시작하여 상을 중심으로 좌측으로 돌아가면서 사배를 한다.

마당에 차린 사위제당 상차림은 다음과 같다.

상 중앙에 떡 세 접시, 오색 과일, 삼색 나물, 유과류, 고기 산적, 생선전, 호박전, 부침두부, 탕국, 약식, 식혜, 국수 열두 그릇, 술잔 열두 개, 수저 열두 벌을 제단에 올린다. 수비·영산상은 사과를 열두 쪽으로 쪼개고 그 위에 나물을 조금씩 올려준다.

무교에서는 '3'이란 숫자와 '12'란 숫자가 많이 사용되는데 굿에서도 열두 거리, 제당 상차림도 '12'라는 숫자가 많이 들어간다. 굿 진행 과정에서 '12'라는 숫자를 많이 사용하는 이유는 일 년이 열두 달, 띠도 십이간지이므로 열두 달이 편하면 일 년이 편하고 십이간지가 편하면 집안 식구가 다 편할 수 있기 때문이지 않을까 생각한다. 포괄적 의미로 말이다.

◉ 1차 축원

햇상년 으로 기우시면 00년이옵고

달삭과존위로 기우시면00달이옵고

날로지공수로 기우시면00날 공사 입니다

사옵는 거주지접으로는 해동은 대한국 00도

00시 00동 오부장내 00~00번지00호

안속은 본향에 거주하옵고 성명과 존위로는

0씨가중 0씨양위부처가 남녀자손을 거느려

사옵는 가중입니다

구여라 구부시구 반거라 구븝소사

00산은 명산이라 0씨 기주님 이산 저산

싫다하시고 00산으로 들어와서 신령님

청배합니다.

천궁신령님 내리시고 부군도당 도당신령님

하위 받으시고 본향양산으로 씨주시고

뼈주시던 가망신령님 거동하시고

여기 동참한 4계자 신령님도 동참하여

감응 감동 하소사

0씨 계자가 신령님 오신라고 청배하고

0씨 계자가 오신은길 마중 나왔으니

0씨 계자 버선위로 실리시고 혀끝으로

내리시고 제상으로 감응 하여 주소사

이정성은 다른정성 아니오라

재수발원 수명발원 정성이 옵니다

이정성을 받으시고 0씨가중 으로

도와를 주소사

다시 거성하여 제상은 왼쪽으로 돌면서 춤을 춘다.

◉ 2차 공수

어~~굿자

신령님 수위시라~~~

0씨가중 0씨기주 아리시리

이산 저산 싫다하시고 00산이 명산이라 하여

자리잡고 0씨도 계자가 오시라고 청하고

0씨도 계자가 마중 나오니

우리 신령님 수위에서 천궁신령님은 내리시고
도당으로 도당신령님은 하위동참하고
0씨가중 본향 양산으로 가망님 거동하여
계자의 몸을 빌리어 버선위로 시리고
혀끝으로 내리시어 바른공수 내려주어
오는길에 재수문 열어주고 회전하는 길에
소원문도 열어주시마

다시 거성하여 제상은 왼쪽으로 돌면서 춤을 춘다.

◉ 3차 공수

어~~굿자
0씨가중 0씨기주님 아리시리
금일 이정성 무스나은 정성이리~~
복빌리 정성이며 명빌리 정성아리시라
일년 열두달 과연은 열셋달 삼백육날

하루갈이 도와달라는 정성아리시리

신령님수위에서 금일은 정성받고

제상으로도 복을주고 인명에도 가투없이

이런이 탈이없고 저런이 동티 없고 물 밝게

불 밝혀 도와주마

〈사위삼당 맞이〉

〈〈부록〉〉신령님 진적에서 하는 거리

◉ 궁리제당 청계 만수받이

아~~ 청계

아~~ 청계

만신몸주 만신몸주 / 대신청계 대신청계

안산청계 안산청계 / 밧산청계 밧산청계

삼당청계 삼당청계 / 제당청계 제당청계

제당청계 제당청계 / 안마우리 안마우리

밧마우리 밧마우리 / 성황청계 성황청계

수양반장 수양반장 / 전헐청계 전헐청계

각심말로 각심말로 / 부군청계 부군청계

안당으로 안당으로 / 불사청계 불사청계

대감청계 대감청계 / 영산청계 영산청계

놀고나서 놀고나서 / 0씨가중 0씨가중

반장맞이 반장맞이 / 회장맞이 회장맞이

산덕입혀 산덕입혀 / 도와주고 도와주고

딸어오는 딸어오는 / 청계없고 청계없고

물어오는 물어오는 / 차사없이 차사없이

재수에는 재수에는 / 해살없고 해살없고

인명에는 인명에는 / 탈이없이 탈이없이

인식물에 인식물에 / 천식물도 천식물도

저차주고 저차주고 / 수화청명 수화청명

갖추밝혀 갖추밝혀 / 도와주자 도와주자

놀고나오~~

아~~ 청계

아~~ 청계

반장 받으러 갔던 사람들을 마당에 앉혀놓고 보자기나 치마를 씌어놓고 조밥과 술을 둘러버리고 북어를 던지고 청계를 벗기고 공수 준다.

◉ 청계 공수

어엇구자

안산청계 밧산청계씨 아니시랴

삼당청계 제당청계씨 아니시랴

말으리성황청계 수영반장 청계제당

청계씨 아니시리

오늘 이 정성 받으시고 산덕 입혀주고

처진공사 없고 딸어오는 영산없고

묻어오는 청계없이 비단수결같고

양류수 물결갈고 재수회살없고

미진한 간세없이 도와주시마~

무격(무녀 또는 박수)은 청계를 벗기고 재우쳐 다홍치마에 전복을 입고 전복 위에 홍천익에 빗갓 쓰고 물고 받은 종이를 펴서 길지로 접어 양쪽 손에 나누어 들고 주악(奏樂)에 맞추어 도두리 당악에 거성하고 공수 준다.

(但 도령돌리마냥 상을 돌아 거성하기도 한다.)

◉ 궁리제당 맞이 1차 공수

어엇구자 산마노라 수위라

우다리, 마다리, 인꼬리 짐꼬리 라치릉은 상집이라

서산에 감발하고 검은산 들러지고

백옥산 허리에 끼고 은잔디 디리밟고

금잔듸 내밟어 임진강 대동수 용에허리를 건너서서

장군님 붉은면목에 뚜렷한 화상뵈오시니

어찌아니 귀엽고 반가우시랴 마노라 수위에서

오시는길에 명주시고 가시는 길에 복을 주시고

가중이 편안하고 기구에 가운데로 신사덕 입히여 주시마~

일에 따라 공수 운운

◉ 궁리제당 맞이 2차 공수

어엇구자

안산밧산 양위산이라

삼당신령 제당마노라 수위라

수플당신령님 화주당 마노라

금성당 신령님 아니시랴 남산은 국사당

와룡당 신령 아니시랴

귀한정성 태산같이 굽으시고 험란한시절이

돌아갈지라도 0씨양위가 부귀창성하고

남녀자손 수명장수하게 도와 상덕입혀주시마~~

일에 따라 공수 운운

제당호구, 제당대감, 성황, 말명, 영산까지 놀고 마친다. 오시는 청신(請神) 거성과 가시는 배웅(拜送) 거리가 있으며 가는 배웅은 뒷전을 놀고 마지막에 한다. 제당 맞이가 있는 굿이면 악사잽이가 돌아가지를 못하고 대기 하였다가 제당배웅에 풍류를 아뢰고 제당 맞이가 끝나야 굿을 마친 것이다. 반장(장군님 물고)을 받지 않으면 제당맞이 거리는 굿거리에서 거리수가 빠진다.

〈궁리제당 맞이〉

진적(진작)

마당에서 사위제당맞이가 끝나면 다시 굿청으로 든다. 당주는 제갓집에게 신령님 제단에 약주를 올리고 절을 할 것을 권한 후 약주 따르는 것을 도와준다. 다른 제자님은 무악 연주 준비를 한다. 제갓집 대표가 약주를 순서대로 다 올린다. 약주 올리는 순서는 조금씩 차이가 있으나 필자가 배운 굿 문서에서 신령님 상에 먼저 올리고 굿 본상에 약주를 올린다. 제갓집 대표가 약주를 다 올리면 수장인 계자가 장구 앞에서 "절 하세요"하고 제갓집 식구들이 절을 시작하며 무악을 합주한다. 절하는 순서는 먼저 천궁님상(왼쪽) 삼배 하고 그다음엔 육당(오른쪽)에 삼배 하고 다음으로는 중앙에 삼배 하고 마지막으로 가망상(조상) 삼배를 하면 된다. 제갓집이 절을 다하고 나면 굿청에 있는 계자들은 상산노래가락을 합창한다.

김경실이 저술한 『조선 시대 궁중 진연 복식』에 보면,

"조선왕조의 궁중연희는 그 설행(設行)동기에 따라 혹은 규모에 따라 진연, 진찬, 진작으로 명칭을 구분 하였는데, 진연은 연회를 드린다는 뜻이고, 진찬은 잔치와 음식을 드린다는 뜻이며, 진작은 술을 드린다는 뜻으로 사용 했습니다."

라는 내용이 있는데 진적에 대한 어원으로서 여기에서 설명한'진작'이 '진적'으로 발음되어 무교에서 사용하지 않았나 하는 생

각을 해본다.

먼저 천궁제상에 정한수만 올리고 다른 제단에 약주를 올린다. 약주를 올리는 순서와 절하는 순서는 다음과 같다.

약주는 먼저 맑은 약주부터 상산상, 성주상 부터 올리고 그리고 가망상에 약주를 올린다. 그 다음으로 탁주를 올린다. 순서는 대감상 → 산신상 → 가망상 → 뒷전상 순으로 한다. 원래는 굿을 하기 전에 조라주라는 술을 담가 위의 맑은 술을 먼저 쓰고, 그 다음에 밑의 탁한 술을 사용했다.

절하는 순서는 천궁상에 먼저 삼배하고, 산신(본향)상에 삼배하고, 가망상에 삼배하고, 신령님 상에 삼배한다. (좌·우·중앙) 제갓집 식구가 제상에 절을 하면 악사들은 굿 장단을 합주한다.

〈진작 하고 절하는 과정〉

◉ 상산 노래가락

산간데 그늘이요 용가신데 수이로다
수이라깊소건만 만경창파가수로이다
마누라 영검수이를 깊이몰라
국이언만 제마당에 전이로다 시절은
시절이오라 높손장군님 시절이로다
성신이 오동잎하니 갈길모라~~
나라에안녕을하오 부귀태평만만세
나라도안녕이오나 국가원당이태평이로다
손인에 임금백성이태평성대~~
어이하여못오시나 무삼연고못오시나
산높아못오시나 물이많아서 못오시나
춘수가 만사택하니 산물이겨워~~
높손장군오신는길에 비수창검다리노소
비수장검이오나 날로안에섞어오소
줄아래덩기덩소리 노니라고~~
장군별성잡으신잔에 황소주로이슬이맺소

그잔저잔이오나 지성이라고쌍비오라

월광에 수엽는잔은 스스라라~~

높소신령님하위라고 마누라

서천명월이하외는가 천년만년수빌리를왔소

부모자손만년수 천년산 수를빌고

만년지덕에복을빌어 삼천년한오백하니

자손이창성~~~

재수소망생기소사 0씨대주외방소망

외방에 소망오나 성안성밖에재수라고

사도에 헤여진 소망 손을몰까

정성덕을 입소와지요부모자손이환극덕요

환극에 덕이오나 정성마다덕이라고

마누라 지원상덕을 다입힐까

천궁맞이 거리

한양 천신굿에서 가장 중요한 거리로 제석신은 환인제석 · 환웅제석 · 환검제석(단군제석)님들로 무교의 최상의 신령님을 청배하여 거동하는 순서이다.

무교의 근본 사상은 삼신(天地人)이며 제석신령님은 천신에 해당하여 이 거리는 천신거리이다. 천궁맞이는 굿 속의 또 하나의 굿으로서 굿이 가지고 있는 요소가 모두 들어 있다. 또한 이 거리는 지방마다 호칭이 다양하게 불리고 있는데 요즘 서울에서는 '불사거리'라고도 한다.

『무당내력』, 『궁중발기』, 『조선 무속의 연구』와 같은 건국 이전의 문헌들을 보면, 이 거리를 불사거리라고 표기하지 않고 '제석거리'로 표기하고 있지만 최근 학자들의 문헌에서는 불사거리로 표기하고 있다. 필자의 스승인 이지산 선생님도 예전엔 제석거리로 불렀고 제석거리로 표현하는 게 맞는 명칭이며 불사거리로 표현하기 시작하건 1970년도 이 후부터라고 했다. 이렇게 개명한 이유는 앞에서 설명한 것처럼 3공화국 시절에 무교를 억압 하고 탄압하기에 제석거리에서 불사거리로 개명하여 사용한 것으로 사료된다.

필자는 불사거리를 생각하면 명치끝에 뭐가 걸려있는 것처럼 가슴이 답답해진다. 무교에 입문하여 지금까지 무교를 공부하면서 가장 많이 고민하고 풀리지 않는 딜레마가 바로 무교와 불교의 상응

관계이기 때문이다. 무교는 불교와 신라시대부터 교합하여 팔관회, 연등회 등으로 활동하며 무교의 본질이 불교의식 속으로 많이 잠식되어 갔으며, 또한 무교 의식인 굿 속에도 불교의식이 많은 부분 배양되어 있기에 무교를 전통적인 우리의 종교로 인정하지 않고 민속신앙 또는 불교의 부속으로 보는 경향이 큰 것이 아닐까.

필자는 불교를 뜨거운 감자라는 생각 한다. 역사 속의 문화로 보면 무·불이 많은 시간동안 함께 공유해 온 것이 사실이지만, 무교의 자주적 독창성을 위해서는 독립하여 독자적으로 후사를 이어가야만 먼 훗날에 전통적인 종교로 당당하게 설수 있다. 과거엔 정치적 혹은 사회적으로 무교를 억압하고 탄압하기에 무교가 자생하기 위해서 어쩔 수 없이 불교와 공생 공략하였지만 지금의 상황은 그렇지 않다. 더 중요한 사실은 불교가 우리 무교를 종교적 파트너로 생각하는지에 대해 신중하게 생각해봐야 한다는 것이다. 만약 우리 무교를 종교적 파트너로 인식하지 않는다면 우리는 짝사랑을 하고 있는 것이며, 이는 정말 비참한 일이다. 지금부터라도 우리 무교인들은 반성하고 개혁을 해야 하며 그렇지 않는다면 무교는 다른 종교에 잠식 되어 안방을 내주고 초라한 객으로 전락하고 말 것이다.

1. 천궁맞이상(제석상)

제단은 굿청 안의 왼쪽에 별도로 차린다. 종이로 제석전을 올려 천장에 걸어 놓는다.

과일, 백설기 세 시루, 방망이떡 한 접시에 세 개씩 아홉 접시, 삼색나물, 부침두부, 유과, 밤, 대추, 호두, 잣, 은행, 종이로 만든 고깔, 생미, 튀각, 청실홍실, 대추차, 후추차, 백화(白花)생화(예전에는 사철 생화를 올릴 수 없어 지화를 만들어 올렸지만 지금은 사철 생화가 있으므로 생화로 올린다.)

이 상의 전물(奠物)을 소공물(素供物)이라 부르는 것은 천궁상에 올리는 음식이 주로 채소 위주로 하기 때문이며, 생선이나 육고기, 약주 등의 진상을 금한다. 이어 천궁필이라 하여 무명 한필을 바치는데 이것은 굿하는 집 자손들의 무병장수를 기원하기 위해 신령님께 드리는 직물이다. 그리고 연전(年錢)을 따로 진공(進供)하는데, 연전은 그릇에 쌀을 담고 그 위에 실(薩)을 놓고 연전 즉 돈을 바친다.

신령님 의복 의관은 흰색 치마를 속치마로 입고, 그 위에 홍청대란치마를 입고, 머리에 큰머리를 올리고, 고깔을 쓰고, 흰 장삼을 입고, 양어깨에 가사를 두르고, 홍띠를 메고, 왼손에 방울을 오른손에 흰색 부채를 들고, 먼저 장고 앞에서 만수받이를 한다. 신복을 치마와 함께 입는 이유는 상의는 남자 의복으로 하늘을 뜻하고 즉 천신이며, 치마는 여자 의복으로 땅을 뜻하고 즉 지신이며 계자는 인으로 인신을 뜻하기 때문이다.

무교는 삼신일체를 원칙으로 굿을 진행하는데(執一含三 會三一歸 - 하나가 셋이 되고 셋이 하나가 된다.) 이는 천부경의 근본이 되는 교리이다.

1) 제석 본풀이 (帝釋本解請拜)

무석제의에 제석 본풀이라는 구축(口祝)하는 풀이제가 있다. 이는 속칭 삼신점심을 올릴 제 하는 치성 축원이다. 사람이 무자(無子)하거나 유아(乳兒)가 병으로 고통을 당하거나 산방(産房)에 부정이 들거나 여하간 아기의 우환을 소멸하고 수명장수와 삼신제왕의 벌역을 푸는 치성제의다. 이는 굿에 쓰기보다도 풀이제의다.

백미 서되 서홉에 밥 세 그릇에 미역을 놓고 삼색실과(밤, 대추, 호두) 참기름에 세발심지에 불키고 불사예단(무명 석자세치)에 고깔 세 개 접어놓고 청수 떠서 바치고 제금을 울리거나 또는 버들고리(고리짝)를 긁으며 축원한다.

아래 제석 본풀이(帝釋本解請拜) 굿문서는 장승만 선생님이 집필한 무속고2(민산풀판사) 에서 발취한 내용이다.

바람아 월궁에 달월이 성이다. 신가난이 겨워서 대암제석 젠제석 제불제천 천지건곤 일월용왕 황사제불 불사제석마노라.

치어달어 삼십삼천 나려깁소와 이십팔수 설입배판 하시다.

해가돋아 일광제석 달이돋아 월광제석 일광월광 양일광에 비추어서 무웅제석 나옹제석마노라 돋아오시다 일월광명 석가여래 화산명월 길가사제석님 복가사제석님 아들애기 점지하고 따님애기 제도하시다. 청왕제석마노라 0씨가중 누다락에 전좌하시다 석자세치 후대불사 자세치 고깔불사 바가지 넌출불사 항아리 진등불사 제석님 동두칠성 남두칠성 서두칠성 북두칠성 한가운데 삼태육성 호별성님 억만미륵 팔만성군 구만불사 제석님

물아래로 동해용왕 서해용왕 남해용왕 북해용왕 한가운데 사실용왕제석님 제석님 본을 플면 게 어디가 본이신가 서천서역이 본이시라 해동이라 조선국은 강원도라 금강상 일만이천봉 팔만구암자 유점사가 본이로다 초일곱은 어리다고 두일곱에 어승삭발을 하오시니 낮이면 염불공부 밤이면 수덕설법서도설법 예법행실 대중상되셨구나 세모시 고깔 숙여쓰고 입으시다 팔대장삼 걸으시다 금란가사 명가사 복가사 제비홍띠 둘러띠고 백팔염주 목에걸고 서발단주 손에 걸고 길이넘는 육환석장 백운간에 짚으시고 산협산중 들어서서 삼각산이라 나린줄기 안남산 밧남산 비봉바위를 때려내어 높은데는 법당짓고 얄은데 암자짓고 이리열칸 저리열

칸 열에열칸 판두방짓고 삼불부처 모셔놓고 아침제미 건우어다 저녁불공 올리시고 저녁제미 건우어다 아침불공 올리실제 백설기 세설기쟁편 삼자를 받으시고 세말서되 말찬공양 세되세홉 되찬공양 되서홉은 노구메요 높은산청실과요 얕은산에 황실과라 황밤대추 세실과도 받으시고 어아리삼주채 고비고사리 두릅채요 땅에 돋아 송이채 돌에 돋아 석이채 물에 돋아 해금버섯 빛좋은 도라지채 맛좋은 더덕채라

참기름 세발심지 촛불영등 만수향이며 자단향여를 받으시고 아흔아홉전발속에 천존맞이 일월맞이 용신맞이 사경맞이 성신맞이를 받으시고 쉰대자 장대필 마흔대자 중대필 굽이 꺾어 안고놀고 지고노시든 억우불사제석 그레 불사제석님 0씨가중삼신은세존자손 명전복전 받어다가 천상백옥경에 바치시고 강태공의 명을빌어 선팔십후팔십 일백육십에 명을주고 석숭에 복을줄제 짧은 명은 길게 잇고 길고긴명 서려담어 무쇠목숨 돌끈달어 바위목숨 쇠끈달어 삼천갑자 동방석이 명으로 도와주고 수명장수 부귀창성 점지들하소사 본추심으로 다받으시고 아뢰올 말씀있아와도 염불로 와뢰리다-

나무아미타불 일쇄동방 결도량 이쇄남방 득청량 삼쇄서방

구정토 사쇄북방 영안강 도량청정 문환희 삼보천룡 강차지 아금지송 묘진언 원사자비 밀가호 아석소조 제악업 개유무시 탐진치 종신구의 지소생 일체아금 개참희

제석 본풀이와 염불을 하고 이어서 제석노래가락을 하고 공수를 주고 마친다.

2) 옛 제석무가본 (昔巫歌本) : 옛 무녀가 부르던 불사노래가락

제석삼불오시마기로 층암절벽 올베갈고 상이삭 끝을골라
쟁편삼자를고였드시 제석님 감하신후에 칠성맞이
금강산이 좋단말듣고 만인증생이 구경가오 곳곳마다
염불소리 곡곡마다 녹수로다 선재동자 물줄을 돌려라
식신줄이야 아미로배를모으고 염주로 돛을달어
금강경닷줄에 법화경 띄였드시 동자야 노 급히 저어라
염불동참 산양수 비개인뒤에 문수산성이 새로났오
산마다 물이요 골골단풍 녹수로다 동자야 물줄을 잡아라
명줄복줄 아미로 발을갈고 염주닷말씨를던져 절아래 보살님네 염주발을 매러가오 염주발 다맨후에 시왕구경 일천주

심은남게 다만두주 향나무라 한나무자단향이요 또한나무 금향이라 자단이 금을만나 떠날는가

세미산 두리바위 가사삼불 서계시니 육지는 어디다두고 층암절벽에서계신가 우리도 설데가 달라서 층암절벽에 섰네

만학천봉심운처하니 두세이랑 밭을갈어 삼신산불사약을 여기저기 던졌듯이 문전에 학탄선관이 오락가락

보리도 다 익었오 보리동양 가사이다 밀도 다익었오 햇밀동양 가사이다 해다 저문날에 재미동양 가사이다

위에 열거한 불사노래가락은 불사, 제석거리 중에 옛 무녀가 부르는 노래가락 가사들이다. 지금 굿에는 모두 빠져 있지만 전에는 드문드문 불렀던 좋은 가사들이다. 제무격인은 전통을 살려내려면 쓰지 않는 가사라 하지만 말고 익혀 후배에게 이어주어야 한다. 사람은 시절을 따른다 하지만 과거의 옛것을 모르고 새것을 창조하지 못함이 인간의 법칙이다.

〈천궁맞이 축원〉

〈천궁맞이 거리 거성 中〉

2. 천궁맞이 순서

1) 제석님 만수받이

거성하는 계자가 선창하고 장구잽이가 후창한다.

아~ 제석 (선창)

아~ 제석 (후창)

환인제석 환인제석 / 환웅제석 환웅제석

환검제석 환검제석 / 위~로는 위~로는

삼신제석 삼신제석 / 대함제석 대함제석

진제석요 진제석요 / 제불제천 제불제천

일월용왕 일월용왕 / 항사제석 항사제석

치어달어 치어달어 / 삼이삼천 삼이삼천

나려깁소와 나려깁소와 / 이십팔수 이십팔수

해가돋아 해가돋아 / 일광제석 일광제석

달이돋아 달이돋아 / 월광제석 월광제석

일광월광 일광월광 / 양일광이 양일광이

비치어서 비치어서 / 여함으로 여함으로

삼제사경 삼제사경 / 백옥남산 백옥남산

불사제석 불사제석 / 안에안당 안에안당

안당제석 안당제석 / 전대받아 전대받아

후대제석 후대제석 / 후대받아 후대받아

전대제석 전대제석 / 박아지로 박아지로

넝쿨제석 넝쿨제석 / 항아리로 항아리로

백합제석 백합제석 / 사해로는 사해로는

용신제석 용신제석 / 애기방에 애기방에

삼신제석 삼신제석 / 삼사랑은 삼사랑은

십중제석 십중제석 / 하위받아 하위받아

들으시고 들으시고 / 이정성에 이정성에

십중소원 십중소원 / 도우소사 도우소사

동두칠성 동두칠성 / 서두칠성 서두칠성

남두칠성 남두칠성 / 북두칠성 북두칠성

천상옥황 천상옥황 / 한가운데 한가운데

삼태육성 삼태육성 / 사부칠성 사부칠성

선대부터 선대부터 / 위하시던 위하시던

조상칠성 조상칠성 / 하위받아 하위받아

0氏가중 0氏가중 / 짧은명을 짧은명을

이으시고 이으시고 / 긴명들은 긴명들은

서리어서 서리어서 / 삼천갑자 삼천갑자

동방삭이 동방삭이 / 명도타고 명도타고

명을주어 명을주어 / 기른듯이 기른듯이

석자세치 석자세치 / 손수건에 손수건에

자여섯치 자여섯치 / 홀꼬갈에 홀꼬갈에

일곱자라 일곱자라 / 일곱치를 일곱치를

슬하에두 슬하에두 / 남녀자손 남녀자손

명다리로 명다리로 / 받으시고 받으시고

마흔대자 마흔대자 / 일대동에 일대동에

대주님의 대주님의 / 명다리요 명다리요

서른대자 서른대자 / 일대동에 일대동에

기주님의 기주님의 / 복다리로 복다리로

받으시구 받으시구 / 복을주고 복을주고

기른듯이 기른듯이 / 수명장수 수명장수

도우소사 도우소사

수물대자 수물대자 / 도반필은 도반필은

열대자로 열대자로 / 지위석영 지위석영

쉬흔석영 쉬흔석영 / 양끝에다 양끝에다

고빌쳐서 고빌쳐서 / 한끝에다 한끝에다

명을싣고 명을싣고 / 또한끝에 또한 끝에

복을실어 복을실어 / 명산대천 명산대천

찾아가서 찾아가서 / 양유수에 양유수에

흘르는물 흘르는물 / 백마전에 백마전에

새만전으로 새만전으로 / 받으시고 받으시고

해상년은 해상년은 / 00년이고 00년이고

달삭~과 달삭~과 / 존위로는 존위로는

0달이라 0달이라 / 금일정성 금일정성

정성덕을 정성덕을 / 입히시고 입히시고

산천맞이 산천맞이 / 들쑥맞이 들쑥맞이

용신맞이 용신맞이 / 제석맞이 제석맞이

일월맞이 일월맞이 / 천신맞이 천신맞이

받으시고 받으시고 / 오늘날로 오늘날로

00가중 00가중 / 십중소원 십중소원

이루어주자 이루어주자 / 노시고나요~~~~

2) 제석님

만수받이가 끝나면 무악은 굿거리장단으로 변하고, 거성한 계자는 방울, 부채를 내려두고 장단에 맞추어 거성을 시작한다. 제석님상으로 들쑥배기 날쑥배기하고, 삼배를 하고 춤을 추고 나서 물동이 위에 제석필을 들고 올라가서 공수를 준다.

◉ 공수 1차

어~~ 굿자
제석님 수위시라~~
환인제석 환웅제석 환검제석 아니시리
위로는 삼신제석 아니시가~~~
바람아 월궁에 달월이 성이다.
신가난이 겨워서 대함은 제석 진 제석 이라
제불은 제천이요 천지곤명 일월용왕은
항사제석님 아니시랴~~~
해가솟아 일광제석 달이빛추어 월광제석
일광월광 양일광으로 비추어
일월제석 아니시랴~~~

백옥남산 으로 불사제석 아니시가

사해로는 용신제석 수위시라~~~

금일은 정성 소소 하와도 태산같이 받으라는

정성 아니시리

제석님 수위에서 금일은 정성

태산같이 받으시고 상덕 입혀 도와주시마

열수나~~~

춤을 다시 춘다.

◉ 공수 2차

어~~ 굿자

00가중 00 기중님 아니시랴~~

선대로 위하시고 대우하던 불사제석 아니시리

전대받아 후대제석 후대받아 전대제석

박아지로 넝쿨제석 아니시랴~~~

백항아리 백함제석 아니시리

안에안당 안당제석 아니시리~~~

00가중으로 안당제석님 아니시리

요바르고 동바르던 안에안당

안당제석님 수위신데

부정한 일이 많아 놓았고

정한일이 적어놓았구나

벌을 풀어 상을 나리실까

죄를 풀어 벌을 나리실까

금일은 정성 받으시고

우리재석님 수위에서 벌을 풀어 상을주마 얼수나~~~~

거동한 계자의 특성에 따라 공수를 더 준다.

다시 춤을 춘다.

◉ 공수 3차

애동계자 삼천은 전안

전안 제석아니시랴~~~

중앙으로 삼태육성 칠성제석 아니시리

사부칠성 삼신제석 아니시랴~~~

불리제석에 신의 제석이라

우리 제석님 수위에서 오늘 하위받아 내리시어

석자세치 홀고깔에~~ 자여섯치 손수건에

명다리로 받으시고 복다리로 받으시며

도반필은 열대자로 지위석영

쉬흔석영 양끝에다 고빌쳐서

한끝에다 명을싣고 한끝에다 복을실어

명산대천 찾아와서 양류수 흐르는물에 백마전에

새마전으로 받으시고 용신맞이 일월맞이

천신맞이로 받으시고

00가중으로 소원성취 이루시마~~~~~

◉ 제석님 노래가락

그늘이 높소와 은하귀야 주원이다

천추야 천추로다 삼신제석님 천추로다

설명도 가사오나

환인제석님 오시는길에

은하수로 다리를 놓소

바람과 구름광풍 안개설풍에 섞여오소

제석님 내리시는 자취를 인간이 몰라

줄아래 덩기덩소리 내리시여~~

삼신제석님 잡으신잔에 후추삼잔 이슬맺소

후추차 대추차요 황률차로만 이슬맺소

월강에 수 없는 잔을 솟으라고

신에하위 하사이다

00씨가중 재석님 하외님 조차 하위오나

제석님 인에하위를 하사이다

천명월이 하월인가 부귀공멸 빌러를왔소

00씨대주 벼슬공명 벼슬도 공명이오나

나라님 안전에벼슬이로다

제석님 벼슬 공명을 다도울까

정성덕을 입혀주소사

부모자손이 환국덕요

환국에 덕이오나 정성마다 덕이라고

제석님 지성상덕을 다 입혀주소사

자진장단을 치면서 밤·대추로 산을 주는데 홀수면 다시 담아 던지고 짝수 산이 맞는다.

일광제석 산이요 월광제석 산이요

일광월광 양일광에

환인제석 환웅제석

환검제석 안당제석

부모자손 명산 복산 재수산 받으소사~~~

3) 칠성님

제석님 거리가 끝나면 홍띠 풀고 양어깨에 가사를 내리고 고깔과 흰 장삼을 벗고 칠성님 의대를 입고 다시 거성한다.

◉ 칠성님 공수

어~굿자
칠성님 수위시라
천지신명 일월성신 옥황상제
사부칠성님 아니시리~~
동두칠성은 서두칠성님이라
남두칠성은 북두칠성아니시리~~
한가운데 삼태육성 수위시고
우리 칠성님 수위에서
마흔일곱말 일곱치는 대주님
명다리로 받으시마
스물일곱말 일곱치는 기주님
복다리로 받으시고

일곱말 일곱치는 없는자손 점지하여

명다리 복다리로 받으시고

00씨 가중으로 외주따라 친주따라

위하시고 대우하시던 조상칠성님

하위받아 내리시어 자손남매

거느려 가도 물주어 기른 듯이 복돋아

가는 듯이 짧은명 길게이어주고 길명은

설이어서 수명장수 하게도우시고

만복점지하여 높이되고 귀히되게고

받들어서 도와주시마

〈칠성님 거리 공수 주는 中〉

4) 부인마마님 거리

칠성거리가 끝나면 신복을 부인마마님 의복인 활옷이나 원삼으로 갈아입고 머리에 큰머리를 올리고 속치마를 입고 그 위에 홍·청 대란치마를 입고 왼손에 방울을 들고 오른손에 부채를 든 다음 면사포를 쓰고 거성한다.

〈부인 마마님 의복〉

◉ 부인마마님 공수

부인마마님 수위시랴~~
천상으로 삼부인 마마님 수위시라
천궁부인 일월부인 성신부인 아니시리
사해로 내려 용궁부인마마 수위시고
용태장군 용녀부인 아니신가
함부인은 만명부인 아니시리
보타산 서천여을 설명부인 말명부인 아니시리
상관주마누라 놀으신 자취마다 살피시고
일년열두달 과년은 열셋달에 허덕지덕
글리든 동법일랑 물리쳐주고
부인마마 수위에서 금일정성
받으시고 너희가중으로 따라가는
주당없고 묻어가는 주당없이 도우시마

〈부인마마 공수 中〉

5) 천궁 대신님 / 할머니 공수

부인마마님 거리가 끝나면 신복을 대신몽두리로 갈아입고 홍색대란치마를 입고 대신님 방울 · 부채를 들고 거성한다.

어~굿자

대신님 수위라

천하궁에 천궁대신 아니시리

지하궁으로 지하대신 아니시리~~

국사당으로 일월대신 아니시리

천신대신 성신대신님 수위시고

사해로 내려 용궁대신 아니시랴~~

천상으로 글문주시고 말문주시는

글문대신 말문대신 아니시리

대신님 수위에서 좌우정성 받으시고

00가중으로 꿈자리 몽상하고

몸수 스산한 것도 거두어 주시마

여기서 대신 타령을 해도 무방하다.

6) 천궁 호구거리

호구거리는 설명과 추측은 다양하지만 이 거리의 시작 동기는 외세의 침입으로 우리 여인들이 많이 희생되어, 그 억울함을 풀어주고 추모 하는 뜻에서 시작 되었다는 설이 가장 신빙성이 있다.

고려시대 때(1231) 시작한 몽고의 침략으로 고려가 원나라의 부마국이 된 뒤, 고려의 여인이 공녀로 몽고에 끌려가 돌아오지 못하고 사망하는 일들이 상당히 많았다. 더욱 치욕적인 것은 조선시대에도 여진족이 침입하여 삼전도에서 치욕의 항복 이후 만주로 끌려간 조선의 백성이 무려 60만에 달한다는 것이다. 이들 중 상당수가 여자였고 그 여인들 중엔 사대부 처자도 있었으며 여염집 부인들도 포함되어 있었다고 한다. 정조를 잃어버리고 돌아온 여인들을 위해서 조선 정부는 도성과 전국에 회절강을 만들어 돌아온 여인들이 그 강에서 목욕을 하면 여인들의 잃어버린 정조를 다시 찾아주는 정책을 폈다. 또 이때 돌아오지 못하고 사망한 여인들의 넋을 호귀(胡鬼)라 하여 그 한을 풀어주기 위해 굿을 하고 원혼의 영혼을 달래 주었다. 그리고 지금은 포괄적인 의미로 일본 강점기 시절 종군위안부로 끌려가 돌아오지 못하고 사망한 여인들의 한을 풀어주고 추모하는 의식이기도하다.

이처럼 우리나라의 역사를 살펴보면 유난히도 잦은 외세의 침략으로 인해 힘없는 백성 특히 여인들이 무참하게 짓밟히고 마는 경우가 많았다. 그래서 우리는 굿이라는 의식을 통해서 억울하게 사망한 우리 조상들의 한을 풀어주고 추모하는 것이다.

◉ 만수받이

신령님 의복은 흰색 당의를 입고, 머리위에 호구포를 쓰고, 양손에 방울부채를 들고, 장고 앞에서 선창 하고 후창으로 만수받이를 하고 거성한다.

아~호구(선창)

아~호구(후창)

천지신명 천지신명 / 일월성신 일월성신

일월호구 일월호구 / 천상으로 천상으로

천궁호구 천궁호구 / 사해용왕 사해용왕

물마누라 물마누라 / 용신호구 용신호구

용신당은 용신당은 / 부인호구 부인호구

백옥남산 백옥남산 / 불사호구 불사호구

사외로는 사외로는 / 삼당호구 삼당호구

궁리로는 궁리로는 / 제당호구 제당호구

십이제당 십이제당 / 말명호구 말명호구

만신몸주 만신몸주 / 설명돌아 설명돌아

대신호구 대신호구 / 00가중 00가중

불이호구 불이호구 / 신이호구 신이호구

놀고나서 놀고나서 / 이정성을 이정성을

받으시고 받으시고 / 재수열고 재수열고

소망생겨 소망생겨 / 나는듯이 나는듯이

뛰는듯이 뛰는듯이 / 도와주고 도와주고

거리홍액 거리홍액 / 저쳐주고 저쳐주고

삼재팔난 삼재팔난 / 거두어주고 거두어주고

거리에서 거리에서 / 낙상없고 낙상없고

내외이별 내외이별 / 자손환란 자손환란

물리시고 물리시고 / 소원대로 소원대로

도와주자 도와주자 / 놀고나오~~~~~~

◉ 1차 공수

어~굿자

00가중 00기주 아니시리~~

호구씨 수위시라

천지신명 일월성신 성신호구 아니시랴

천상으로 올라 천궁호구 아니시리

국사당에 일월호구 아니시리~~

백옥남산 불사호구 아니시며

한우물은 섯우물 솟아나다

용신호구 아니시랴~~

용신당에 부인호구 아니시리

호구씨 수위에서 좌우정성 받으시고

재수문열고 석달이 편안하고

삼년이 무고하게 받들고 여들여 주시마~~

◉ 2차 공수

어~굿자

호구님 수위시라

사위로 삼당호구 아니시리~~

국내로 제당호구 아니시랴

십이제당 말명호구 아니시리~~

열네애기 당자호구이며

설명도라 대신호구 수위시라~~

우리호구씨가 이너울 쓰고 가리까

벗고 가리까 쓰고가면 근심이고 벗고가면

재수인데 벗고가라면 민빗 참빗 얼래빗

연지닷되 분닷되 국화분 도화분 장분값을

후히주구려

금전을 받고 춤을 추며 너울을 벗는다.

◉ 3차 공수

어~긋자

호구님 수위시라

이너울을 벗고나니 용문산에 안개벗듯

만수산 구름밀듯이 남산에 물안개벗듯

닦으니 방울같고 면경체경 어리쇠 석경같이

일월이 명랑하게 도와주고 밤이면 불밝히고

낮이면 물맑혀서 수화천명을 갖추밝혀 주시고

미진한 간세없고 비단수결같이 도와주시마

◉ 호구님 타령

덩덩덩기덩 덩기덩덩

어떤 호구가 내호구냐

어떤 호구가 내려오셨나

불이호구에 신에호구 배우남산 불사호구

청궁호구도 내호구님 일월호구도 내호구님

설명돌아 대신호구 사위로 삼당호구

국내로 제당호구 용신당은 부인호구

우리호구씨 거동봐라

함지기 능지기 귀가진 저고리 단기가치마

아얌섭수 깃을달아 안고 노시고 직 노실제

면경체경 어리쇠 석경 같이 일월이 명랑하게

밤이면 불밝히고 낮이면 물맑혀서 수화천명

함게밝혀 주시고 미진한 간세없고 비단수결같이

도와주마 얼마나 좋은지 모르겠네

좋으신만큼 생겨주고 도와주마

〈천궁 호구 거리 中 만수받이〉

7) 천궁재장 · 말명공수

평복에 방울부채를 들고 거성 후 공수를 준다.

◉ 재장 공수

천궁재장 일월재장 아니시리
천신재장 성신재장님 수위시고
사해로는 용궁재장 아니시리
천존재장 아니시리

◉ 말명 공수

천궁말명 일월말명 아니시리~~
천신말명 성신말명 수위시고
사해로는 용궁말명 아니시리~~
백운남산 불사말명 아니시랴
안당제석 호구말명 아니시리~~
잔상에 노리하고 공상에 제천하고
오는길에 명 주고 회전하는길에
복을주고 접진대복을 고루 접지해주시마

8) 청궁신장님

신령님 의복은 옥색동달이를 입고, 그 위에 옥색 전복을 입고, 머리에 전립을 쓰고 오방기를 양손에 나누어 들고 거성한다.

◉ 공수

청궁신장님 수위시라
천궁신장 일월신장 아니시리~~
사해로는 용궁신장 아니시랴
제석신장님 아니시리~~
천둥이치고 벼락이치면
뉘 수위에서 했는지 알았느냐
우리 벼락신장님 수위 아니시리
천둥도 치고 벼락도 내리치고 광풍도
불던 내 풍우신장님 수위 아니시랴~~
우리 신장님 수위에서
너희가중 뿌리신장님 하위받아
이정성을 받으시니 얼마나 좋으신지
모르겠네 일년은 열두달 과년은 열석달

삼백은 예순날 하루같이 도와주고

금산에 가서 금천냥뜨고

은산에 가서 은천냥 뜨게 도와를 주시마

◉ 천궁신장님 타령

얼~씨구 절~씨구

어떤신장 내신장이냐

어떤신장 내신장이냐

천궁신장 내신장이요

일월신장 내신장이요

성신신장 내신장이요

물아래는 용궁신장님

물위에는 용신신장님

우리신장님 거동봐라

얼마나 좋은지 모르겠네

사철에 좋은건 덩기덩덩 일상도 좋은건 널니리야

평상도 좋은건 끼강깡깡 우리신장님 놀고나서

은산에 가서 은을떠고 금산에 가서 금을떠서
먹고남게 도와주고 널리쓰게 도와주마
부자도 되게 도와주고 장자도 되게 도와주마
가는소망 손을쳐주마 오는소망도 낚꾸어주마
우리천궁 신장님이 이렇게 받으시고
재수열어 도와주고 철량생겨 도와주고
소원이루어 주시마~~~

〈천궁신장님 거성 中〉

9) 천궁대감님 공수

동달이를 벗고 전복만 입고, 머리에 전립을 쓰고, 부채만 들고, 재수와 철량을 실어 들이는 시늉을 하며 춤춘다.

◉ 공수

어 굿자~~
나는 누구시리
천궁대감 일월대감 아니시리~~
성신대감 용궁대감 아니시랴
천복을 나리시던 천복대감 아니시리~~
제복을 주시던 제복대감 아니시리
내대감이 이렇게 노시고 재수 열어 주시고
가는소망 손을쳐서 은자보물 숨은철량 생기어
도와주고 늘여주시마
내대감님 수위에서 놀고날제 소원 열어주마

◉ 천궁대감님 타령

덩덩덩기덩 덩기덩덩

어떤 대감이 내 대감이냐

어떤 대감이 내 대감이냐

청궁대감 내 대감이요

일월대감도 내 대감이요

사해로는 용궁대감

천복대감 제복대감도 내 대감이요 ~~~

욕심도많고 탐심도 많으신 내 대감이요

우리대감 거동을봐라 얼마나 좋은지 모르겠네

부리대감 하위를 받아 억수장마 비 퍼붓듯

대천바다에 물밀 듯이

염창목에는 배닫듯이

재수사망을 섬겨주마

우리대감 놀고나서 소원빌어 도와줄제

일상에 좋은 것 덩기덩덩

평생에 좋은 것 닐니리야

사철에 좋은 것 가기강강

우리대감님 놀고나서 재수밀어 도와주마

나라천 대주야 걱정을 말아 재수 열어주마

안당계주야 걱정을 말아 소원 열어주마

자손남매에 수명장수 학문장되게 도와주마

얼마나 좋은지 모르겠네.

수단대로 재담 운운

〈천궁대감님 천복을 떠 오는 中〉

10) 천궁창부님

전복은 벗고 색동 한삼 입고, 부채만 들고 재수를 떠오는 시늉을 하며 춤춘다.

◉ 공수

어~굿자
어떤 광대가 내려왔나
천궁창부 일월창부 아니시리~~
사해로는 용궁창부 아니시리
성신창부 수위시라~~
우리창부씨 광대씨가 소망생겨주고
삼재팔난도 막아주고
걱정근심 우환가환 저쳐주고
일년열두달 삼백예순날 하루같이
도와주고 신사덕 입히어 주시마~~~

◉ 천궁창부님 타령

덩덩덩기덩 덩기덩덩

어떤 창부가 내려왔나 어떤 광대가 내려왔나

홍패불러 백패창부 백패불러 홍패창부

천궁창부 일월창부 사해로는 용궁창부

인연출신 자연창부 자연출신에 인연창부

광대씨 허구는 너털이요 너털이는 수문장이요

안당사경 문안맞이를 받구 높은임신네 축원받고

낮은임시네 덕담받아 우리창부씨 수위에서 받으실 때

어떻게 좋은 줄 모르겠네 어떻게 좋은 줄 모르겠네

외줄잡구 놀시던 창부 쌍줄잡구 노던 창부씨가

한양성내에 내려설때 쳐다보니 삼각산이요

내려다보니 만년수 한강이요 우리창부씨가

잘 놀아야 은금보화 솟는 듯하구 청학백학이

놀이듯 나쥰이만큼 도와주고 나쁜이만큼 도와줄 때

삼재팔난도 막아주고 걱정근심 우환가환 저쳐주고

일년열두달 삼백예순날 하루같이 도와주고 신사덕

입히어 가지로 상덕 입게 도와 주시마

11) 천궁걸립 · 선황 · 영산 · 수비

평복에 부채만 들고, 뒷전을 푼다.

◉ 천궁걸립 공수

천궁걸립 일월걸립 용신걸립 삼당걸립
제당걸립 아니시랴
이정성 받으시고 남걸립은 져들이고
여걸립은 여들여서
삼년석달이 무고하고 비단수결같고
산진거북같고 돌진가재같고 양류수 물결같이
수화천명 갖추어 도와주시마.

◉ 천궁선황 공수

천궁선황 일월선황 물아래선황 물위선황
사해로 용궁선황 사위 제당 선황님 아니시랴
이정성 받으시고 마음안에 먹은대로 기우에
기운대로 도와주고 생겨주시마

◉ 천궁영산 일월영산 공수

천궁영산 일월영산 증영산 승영산 만경창파
수살영산 임자없고 차지없는 무주영산
남영산 여영산 처사영산 도사영산 뜬영산
떼영산 도령영산 처녀영산 못먹었네
못받았네 이러니 탈이없고 저러니 탈이없고
산좋고 물좋고 놀기좋고 경치좋은 곳으로
다물리어 주소사

장고 치는 무격은 천궁수비를 자진장단을 치고 거성한 무격은 천궁 뒷전상을 들고 천궁 뒷전을 풀어낸다.

사청은 서른여덟 수비야 중청은 스물여덟
수비야 하청은 열여덟 수비야 천궁수비
일월수비 용궁수비 중수비야 사해는
용궁문을 열어 남청은 남수비 여청은
여수비는 천리로 물리어 주소사

산신님 거리

산신님 거리는 한양 천신굿에서 천궁맞이 다음으로 중요한 거리이다. 이순서는 삼신(천·지·인) 중 지신님에 해당하는 거리이다. 산신님 거리도 천궁맞이처럼 굿 속에 또 하나의 굿이 있으며 '본향산거리라고도 한다. 『삼국유사』에 의하면 단군왕검이 말년에 묘향산으로 들어가 산신님이 되었다고 기록되어 있고, 유동식 교수는 산신이 실제로 우리의 시조인 단군의 화신이라는 이론을 제시하기도 했다.

산은 우리에게 풍요를 주고 재앙을 막아주기도 하지만, 때로는 큰 재앙을 주기도 한다. 그래서 우리 선조들은 국가적으로 오악(상악단, 중악단, 하악단, 동악단, 서악단)을 만들고, 마을은 마을 단위로 산신각 또는 성황당이란 제단을 만들어서 국가적으로 또는 마을 단위로 혹은 개인 혼자서라도 산신제라는 의식을 하여 재앙을 막고 풍요를 기원하는 굿을 해왔다.

산신님거리를 '본향산거리'라고도 한다. 본향을 고향으로 알고 있는 사람들도 있지만, 본향은 성씨의 본을 가리키는 말이다. 공수에 '씨 주신 본향에 뼈 주신 본향 아니시리'란 말이 있다. 이는 다시 말해 김해 김씨는 김해가 본향이고, 전주 이씨는 전주가 본향이 되는 것이다.

신령님 제단은 굿청 오른쪽에 차리고 재물로는 팥시루 세 개를 올리는데 하나는 아버님 본향 몫이고, 또 하나는 어머님 본향 몫이며, 나머지 하나는 제갓집에 살고 있는 부군 도당 산신령님 몫이다.

제상을 설명하기 전에 옛날 법도를 하나 소개하고 현시대 대다수의 계자들이 잘못 알고 있는 상식 하나를 설명하려 한다. 필자가 설명하려는 것은 개고기이다. 현시대 계자들은 개고기를 신도가 먹거나 신령님 제상에 올리는 것을 금기시 하지만 옛날에는 제갓집에 호영산(호랑이에게 죽은 조상)이 있으면 개를 잡아 호신령님에게 받치고 굿을 진행했다고 한다. 또한 개고기(보신탕)를 금식하는 식은 우리 무교식이 아니고 불교식이다. 물론 제갓집이 불도가 강하면 금식하지만 그렇지 아니하면 먹어도 큰 잘못은 아니다. 지금은 보신탕이 혐오식품이라 하여 보통사람들도 먹지 않지만 왜 서양인 잣대로 우리의 음식문화를 재는지 필자는 이해 할 수 없다. 그들이 먹는 양고기, 말고기는 혐오식품이 아니고 우리 조상들이 보신을 위해서 약으로 먹었던 음식을 서양식 눈으로 보고 혐오식품이라고 치부하는 것은 정말 우리민족의 주체성을 상실하는 일이라고 생각한다. 그들은 그들만의 양식이 있고 우리들은 우리들만의 양식이 있다는 것을 알아야 한다.

상차림을 보면 통돼지를 올리고, 나물(도라지, 시금치, 고사리)을 올리고, 호박전과 생선은 숭어와 민어를 올리고, 공양 세 공기, 유과, 오색과일, 그리고 약주는 조라주(맑은술) 세 잔, 탁주 세 잔하고, 옥수 세 잔을 올리고, 탕국 등을 함께 올린다.

신령님 거성은 산신님 → 도당신령님 → 군웅님 순서로 거성한다.

신령님 의복은 백색 치마를 먼저 입고, 그 위에 다홍빛 대란치마를 입고, 상의는 홍철릭을 입고, 홍립(빗갓)호수를 꽂고(지금은 호수가 없으므로 백로 깃털을 사용함), 무악에 맞추어 거성하는데 먼저 홍립을 들고 거성하여 홍립을 머리에 쓰고, 오른손에 부채 왼손에 방울 들고, 종이로 만든 길지를 한손에 하나씩 나누어 함께 들고, 동서사방 반절을 하여 신령님을 청배하며, 청배 후에 방울· 부채는 내려놓고 길지만 들고 거성하여 공수를 준다.

1. 산신님거리 순서

1) 산신님
2) 도당부군님
3) 군웅님
4) 산신대신님
5) 산신호구님
6) 산신재장 · 말명
7) 산신신장님
8) 산신대감님
9) 산신창부님
10) 산신걸립 · 선황 · 영상 · 수비

1) 산신님

거성 하는 사제는 백색 속치마를 입고 그 위에 홍색 스란치마를 입고 산신의대(홍 철릭)를 입고 머리에는 홍립에 꿩털을 꽂아 쓰고 양손에 문창호지로 만든 길지(산종이) 들고 산신상 앞에서부터 경성 한다.

◉ 1차 공수

어~~굿자

해상년 년으로는 00년 이라

달삭과 존위로는 00달 이시며

날로지공수로는 00날 아니시리~~~

안산은 여덟에 밧산은 열세위라

산신의 조정은 곤륜산 아리시리

산깊이 기우시고 골깊이 급으시다

산마누라 수위 아니시리

제주도 한라산 산신님 수위시고

경상도 태백산 산신님 누라하실까

전라도 지리산 산신님 도 하위받고

충청도 계룡산 산신님 도 왕림하셨네~~~

강원도 금강산 산신님 수위시고

황해도 덕물산 산신님 도 하위받고

평산 산신님 묘향산 산신님 수위시라

0씨가중에 0씨 안당기주가 아니시리

산신님 수위에서 봄이면 가을을 바래시고

가을이면 봄을 기다리고 춘추양덕으로

기다리고 바랬더니 아는듯이 보는듯이 대령했으니

정성덕 입히어주시고 마음먹은 대로 뜻 이루어

도와 주시마

◉ 2차 공수

어 ~~굿자

도당가망 살륭가망이라 부근가망이 아니시리

산신토신 후토신령님 아니시라

살륭가망은 본향가망 아니시리

뼈주신 본향산신 씨주신 본향산신 아니시가

소찬받아 내리시는 소본향 산신님

육찬 받아 내리시는 육본향 산신님 아니시라

0씨가중 0씨안당은 기주님아

슬하에는0(몇)남매자손들 내자손들 아니시리

음성들으니 구여우시구 화상보시니 반가우시다

옛날은 옛적으로 위하시고 대우하시고

높은 산을보시면 절을하고 물을보면 빌던가중 아니시리

금일은 정성 무시나 정성이라

본향산신님 우차하여 대우하자는 정성 아니시라

신령님 수위에서 금일정성 받으시고 산벌전 들벌전

저치어서 맘먹은일 뜻 픔은일 이루게 도와

가지로 상덕 입게 도와주시마

◉ 3차 공수

어~~ 굿자

삼천진증 육천전안 산신님 수위시라

부근으로 00산 산신님 수이 아니신가

0시가중 0시기주 양위 아니신가

이정성 산신토신 후토신령님 수위에서
내려보시고 사해용왕님께서 올려다보시어
그동안에 알고도 짖고 모르고도 지은죄를 거두시고
장래를 보고 원래를 생각하시여 소소한정성 일지라도
태산같이 받고 하해같이 받아 정성덕 입히어 가시마~

〈산신님 거리〉

2) 도당 부군님

신령님 기물은 오른손에 월두 들고, 왼손에 삼색기를 든다. 삼색기는 삼색태극인(빨강, 노랑, 파랑)색을 들어서 천·지·인을 상징한다. 그리고 장구장단에 거성 후 공수를 준다.

◉ 1차 공수

어~~ 굿자
0씨가중 0씨기주님 아리시리
거주하는곳은 사파세계 해동은 대한국 00동
오부장내 안속본향에 살아가는 가중 아니시리~
한양성내로 산신에 조정은 삼각산 이시면
안산은 인왕산에 밧산은 남산 아니시리
강 건너 대산은 관악산이며
부근 도당산은 남한산성 북한산성 아리시리 ~
0씨 가중으로 살아가는 부군 도당 산신님은

제갓집 부근 산 이름 호명 한다.

아니시리~~
부근 도당님 수위에서 부근 문도 열어주고
도당문 열어서 도와 주시마.

◉ 2차 공수

어~~ 굿자
남도당 할아버지 여부군 아니시리
여도당 할머니 남부군 아니시랴~
이고량산으로 도당 부군님 아니시랴~~
산위에 물도 내물이요
산 아래 물도 내물 아니시리
도당님 안전에 부근님 그늘에서 살면가도
인명에 실명수 없고 금전에 손재수 없이
부자 되게 도와주고 장자 되게 받들어 주시마.

◉ 3차 공수

어~~ 굿자
좌청룡 우백호 우청룡 좌백호
청룡백호 내린줄기
왕래하시던 도당님 아니시리

산깊이 받으시고

골깊이 받으시던 부군님 수위시라~~

도당 부근 신령님이 이 정성 받으시고

0씨가중 재수있게 도와주고

운수 좋게 받들어 주시마

〈도당 부군님 거리 거성〉

3) 군웅님 거리

우리나라는 건국 이래 지금까지 약 오천년이란 세월 속에서 수많은 외세의 침입으로 수많은 전쟁을 치루면서 국가를 유지해 왔다. 통일신라 이전 삼국시대(고구려, 신라, 백제)때는 한반도의 통일을 위해서 민족끼리 전쟁을 했으며 우리나라가 건국 한 후 지금까지 천 번이 넘는 외세의 침략을 받아 왔다. 그 많은 침략 속에는 중국의 소국으로 몽골에 부마국으로 일본의 시민지로 살아오면서 우리나라의 전쟁이외 다른 나라의 전쟁도 참전하기도 했다. 그리고 건국 이 후에는 이념대립으로 남북한이 서로 총을 맞대고 전쟁을 하였다. 또한 민주주의를 위해 4.19의거, 부마사태, 5.18 광주 항쟁 등으로 인해 수많은 청년들이 죽었다. 그렇게 사망한 혼령을 군웅신으로 추대하여 원한을 풀어 행복한 사후 세계를 축원 하는 순서이다.

〈군웅님 거리 中〉

◉ 군웅님 공수

오른손에는 월두, 왼손에는 삼지창을 들고 거성하여 공수 준다.

어~~ 굿자

군웅님 수위시라

우마군웅 백마군웅 아니시리

높은산에 대살룡군웅 낮은산에 소살룡군웅

숨죽어 넋진 군웅 아니시라

0씨가중 양위 본산 본향 군웅 아니시리

도당으로 도당군웅

부군으로 부군군웅 아니시라

군웅님 수위에서 이정성 받고

0씨가중에 홍액 대액 물리주고

시절이 험난하여도 쓰린간사 없이

아린간사 없이 받들어 주시마~~~

◉ 사슬 세우기

먼저 월두를 세우고 삼지창에 통돼지를 세운다.

◉ 사슬 축원문

나리소사 구이보소사

도당신령님 부근신령님 군웅신령님

0씨 가중 홍액 대액 물리치어

대수대명으로 받으소사

이사슬을 아니 받으시면

백에 백사가 불길하고

만에 만사가 허사랍니다

천금사슬로 받으시고 만금 사슬로 받으소사

사슬이 서면 명잔 복잔을 제갓집에 주며 도당노래가락을 부른다.

◉ 도당 노래가락

태산이 높소건만 하늘아래 뫼이로다

수이라 깊소 건마만 동해바다가 해수로다 마누라

영겁수위를 깊이몰라

도당가망 오신는길에 가야금줄 다릴놓소

가야금줄 열두줄이니 어느줄로나 내려를오소

줄아래 덩기덩 소리 노니시고

도당가망 잡으신잔에 잔에잔마다 이슬이 맺소

그잔도 저잔이오나 지성이라고 드시옵소

일광에 수없는 잔도 잡수시고 신에 하위하소니다

0씨가중 산신님 하위 재수에 소망 요나

장안 성밖에 재수소망 정성덕을 입혀를 주오

0씨가중 0씨기주 정성덕을

입히시고 소원성취를 다도우소사.

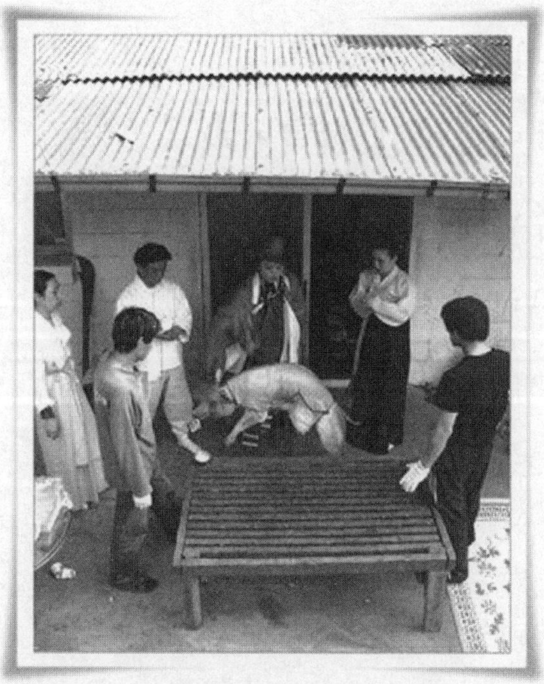

〈돼지 사슬 세우기〉

4) 산신 대신님

빗갓을 벗고 홍철릭을 벗고 대신몽두리 입고 방울·부채를 들고 거성하여 공수를 준다.

◉ 공수

대산 산왕대신 아니시리
소산 산왕대신 아니시랴
도당으로 숨은대신 아리시가
부근으로 넋대신 아리시라
양산 본향으로 말명대신 아리시리
우리 대신님 수위에서 오늘 이 정성 받고
00 가중으로 산바람도 재워주고
인바람도 재워서 삼년이 편한하고
무탈하게 도와주시마.

5) 산신 호구씨

대신님 몽두리를 벗고, 녹색 당의를 입고, 머리에 호구포를 쓰고 거성하여 공수를 준다.

◉ 공수

동방재산 칠기지 명산천이라
상단호구 중단호구 하단호구
상중하단 성인호구 아니시라
양주본향 본향호구 아니시리
육조삼발 부군호구 아니시라
이도량산 살륭호구 부군도당 호구님 수위시고
외살륭이면 내살륭호구 아니신가
그연상산 정전호구 아니시리
부리호구 신위호구 이시며
호구님수위에서 이너을 벗고
집동호구 성준호구 본준호구 손각씨호구
인하위 받으시고 신하위 받으시고
하리재사없이 도와주고 밝고맑은 복을주고

안과태평 도우소시마

다시 춤을 추며 호구포를 벗는다.

어~~ 굿자

호구님 수위시라

이너울을 벗고나니 용문산에 안개벗듯

만수산 구름밀듯이 남산에 물안개벗듯

닦으니 방울갈고 면경체경 어리쇠 석경같이

일월이 명랑하게 도와주고 밤이면 불밝히고

낮이면 물밝혀서 수화천명을 갖추밝혀 주시고

미진한 간세없고 비단수결같이

도와주시마

6) 산신재장 · 말명

평복에 방울·부채를 들고 거성 후 공수를 준다.

◉ 재장 공수

팔도명산 산신재장님 수위시라
본주양산 산신재장 아니시리
이도당으로 도당재장 아니시라
부근으로 부근재장 아니시가

◉ 말명 공수

팔도명산 산신말명 아니시리~~
본주양산 본향말명 수위시고
도당으로 도당말명 아니시리~~
육조삼발 부근말명 아니시랴
외사륭말명은 내살륭말명 아니시리~~
오는길에 명 주고 회전하는길에
복을주고 점진대복을 고루 점지해주시마

7) 산신 신장님

신령님 의복은 남색동달이를 입고, 그 위에 남색 전복을 입고, 머리엔 전립을 쓰고 오방기를 양손에 나누어 들고 거성한다. 잠깐 여기서 제갓집 식구 중에 청계를 벗기고 싶으면 해도 무방하다.

◉ 공수

0씨가중 0씨기주님 본향신장님 수위시라
도당신장 부군신장 아니시리~~
팔도명산 산신장님 아니시랴
어 살흉 내 살흉 도당 신장님 아니시리~~
우마군웅 백마군웅 신장 아니시랴
0씨가중 뿌리신장님 하위받아
이정성을 받으시니 얼마나 좋으신지 모르겠네
도당부군신장님이
기다리고 바라던 정성이라
봄이면 가을 바라고 가을이면 봄을 기다리고
춘추양덕으로 바란정성 받으시니
얼마나 좋으신가 우환도 가환도 거두시고 산화별전도
거두시어 정성덕 입히어 도우시리 신장님이 좋으시다~

◉ 산신 신장님 타령

덩덩덩기덩 덩기덩덩

얼씨구절씨구 절~씨구

우리 신장님 거동을 봐라

어쩌나 좋은지도 모르겠다

0씨가중 0씨기주 본주양산 산신장님

하위를받자 정성이니 이정성에 하위받아

팔도명산 산신장님 살륭신장 하위받고

도당부군 산신장님 기다리고 바라셨네

이정성을 받으시니 욕심많은 내신장님

탐심많은 우리신장님 어쩌나 좋은줄 모르겠네

가는가망 휘어드리고 오는재수 떠들여주고

먹고도남고 쓰고도 남게 신장님들이 도와주시마

타령 후 마무리 공수를 준다.

어~~굿자

신장님 수위에서 오늘 이정성 받고 정성덕 입히어

가지로 상덕입히어 주시~~마

〈산신 신장님 거리〉

8) 산신 대감님

동달이 벗고 전복만 입고, 머리에 전립을 쓰고 부채만 들고, 재수와 철량을 실어들이는 시늉을 하며 춤춘다.

◉ 공수

아주~ 제길할거 우리대감님은

0씨가중 본향양산 본향대감 아리신가

뿌리대감 신위대감 아니시리~~

팔도명산 산신대감 아니시랴

각처 산신대감 호명

도당으로 도당대감 아니시리~~

육조삼발 부근대감 아니시리

살륭으로 본향대감 아니신가

오늘 산신은 대감님이 이정성을 받으시니

가뭄에 단비처럼 좋으시고

정월에 매화 보는 것처럼 기쁘시다

우리대감님 수위에서

재수에 끄리고 운수에도 끄리던것 거두어주시고

높은산에 눈날리고 얕은산 재날리듯
대천수에 물이밀어오듯 도와주시고
금산에서 금을뜨고 은산에 은을 떠서
재물늘게 도와주시마
내대감님 수위에서 놀고날제 소원 열어주마

◉ 산신 대감님 타령

덩덩덩 쿵 덩덩덩 쿵
어떤 대감이 내 대감이냐
어떤 대감이 내 대감이냐
대주기주님 본향으로 산신은~대감님들
하위를받아 내려주고 팔도명산 산신대감
살륭 도당대감 거주하는 지접으로 부근00산
부근대감 이정성에 하위받고 높은산에
눈날리고 낮은산에 재날리듯이
억수장마 비퍼붓듯 재수소망을 생기시어
금산에서 금을뜨고 은산에서 은도뜨고

이어들이고 져들이고 먹고남게 쓰고남게

우리대감님 놀고나서 재수밀어 도와주마

나라천 대주야 걱정을 말아 재수 열어주마

안당계주야 걱정을 말아 소원 열어주마

자손남매에 수명장수 학문장되게 도와주마

얼마나 좋은지 모르겠네

수단대로 재담 운운

9) 산신 창부님

전복은 벗고 색동 원삼을 입고, 부채만 들고 거동 후 춤을 춘다. 그리고 공수를 준다.

◉ 공수

어~~굿자
창부님 수위시라
0씨가중 양산본향 본향창부 아니시리~~
팔도명산 산신창부 아니시리
도당으로 도당창부 수위시라~~
살륭도당 부근창부 아니시리
일년하고 열두달 관년은 열석달아니신가
우리창부씨 광대씨 수위에서 이정성받고
산진홍수 거두시고 홍액대액 물리시고
산신토신 후토신 마누라 하위받아
액운들을 거두어 가시마

타령을 하여도 무방하다.

10) 산신걸립 · 선황 · 영산 · 수비

평복에 부채만 들고 뒷전을 푼다.

산신걸립 도당걸립 아니시리
부근걸립 본향걸립 아니시랴
여걸립 남걸립 아니시가
이 정성 받으시고 남걸립은 져들이고
여걸립은 여들여서 삼년석달이 무고하고
평화로게 수화천명 갖추어 도와주시마.

부채를 내려놓고 북어 들고 거성 후 공수 준다.

팔도명산 산선황 본향선황 도당선황 부근선황
아니시리 뼈주신선황 씨주신선황님 아니시랴
이정성 받으시고 마음안에 먹은대로 기우에
기운대로 도와주고 생겨주시마

본향영산 도당영산 부근영산 객사영산 만경창파
수살영산 임자없고 차지없는 무주영산

남영산 여영산 호영산 자결영산 뜬영산
떼영산 도령영산 처녀영산 못먹었네
못받았네 이러니 탈이없고 저러니 탈이없고
산좋고 물좋고 놀기좋고 경치좋은 곳으로
다물리어 주소사

장고 치는 계자는 산신수비를 자진장단을 치며 풀어낸다.

산수비야 들수비야 본향수비 도당수비 부군수비
사청은 서른여덟 수비야 중청은 스물여덟
수비야 하청은 열여덟 수비야
남청은 남수비 여청은 여수비는
천리로 물리어 주소사

〈산신걸립 · 선황 · 영산 · 수비〉

본향맞이 (가망거리)

가망이란 모든 신령님들을 감응하는 거리이다. 앞에서 설명 하였듯이 '국위제당 삼위삼당 가망' 이란 말처럼 모든 신령님을 감응하는 순서이다. 이 순서는 굿에서 중요한 거리로 계자 중에서 수장이 이 거리를 한다.

가망반상(떡 세 접시, 촛대 한 쌍, 향로, 술 석 잔과 세발심지 세 개를 불을 밝혀서 떡 위에 넣는다.)을 준비하고, 무복은 남색 대란치마 위에 섶수를 입고, 방울·부채를 들고 동서남북으로 축원하며 바래기를 하여 신이 내리면 맞아들인다.

가망은 조상까지 한다.

◉ 가망 공수

어~~ 굿자

0씨가중 0씨기주 아니시랴

00년 해우년이라 0월절기라 0일공사가

아니시랴

초가망 이가망 삼가망 이라

먹우리 반비취로 조라 전물 가망이요

말게받아 오신가망 설게 받아 오신가망

말게는 설게신데 조선마편은 우래등성 이라

걷는말채를 치고 닫는말 석을 불여 돌아오시다

사위로 삼당가망 국위로 제당가망

금성으로 대신가망 아니시리

만신몸주로는 대신가망 아리시랴

그연으로 상산가망 사해로는 용신가망 아니시가

육조삼발 부군가망 도당가망 아니시라

산신가망 살륭가망 성주로는 성주가망

아니시라

『꽃이피어서 꽃맞이 정성이구

잎이 돋아서 잎맞이 정성에

진달래 화전 맞이 정성 이랴 (봄일 경우)』

『햇곡이 우거지고 신곡이 재천하면

신곡맞이 햇곡맞이 정성이라 (가을일 경우)』

불의가 유구하고 신에 가득하고 옥책은

등록에 가문에 필적이라

상전이 번듯하고 본향이 뚜렷하고

삼년시력 이태말미 정성 마다아니하던 가중이 아니시랴
소소한 정성을 태산같이 받으시고 장래를 길게보고
원래를 생각하여 어백미 하늘같이 반들어서
나라천 대주 재수열고 내외에 풍파없고
이별수없게 받들어 도와주시마

◉ 본향 공수

어~굿자
성주신 본향에 씨주신 양산 본향 아니시리
소천왕 소본향 이며 육산 육본향 아니시라
하늘아래 부모님 신령 아니신가
양주 본향산에 (제갓집 본향 명산신령님)
산신령 이라 산깊이 기우시고 골깊이 굽이실제
업비없고 두려와 정성이라 좌우정성 굽이시고
어찌아니 귀엽고 반가우시랴 험한세월 살아가도
편안하게 도우시고 자손들 창성하고 모진세월
곱게 나게 도와주시마

◉ 본향 말명 공수

신복은 남치마에 섶수 입고, 방울·부채, 길지도 함께 들고 거성 후 공수 준다.

어~~굿자

남말명은 여말명 아니시리

뿌리말명은 신에 말명 아니시라

사해로는 삼당말명 국위로는 제당 말명이라

만신몸주 대신말명 성주로 업이말명

안당은 불사말명 성주말명 아니시랴

0씨가중 선조로 할아버지 할머니 양위말명

선조따라 가신말명 본가말명

외가말명 양가말명 이며

전실말명 후실말명 청춘에 소년말명 동기말명

넋두리 푸념 식으로

천조상 놀이받고 만조상 경사받아~~

썩은 손목 마주잡고 행길마루 꽃발으로 앞서거니

뒤서거니 들어 오셨네~~~

오시길에 명을 실어주고 회전하는 길에 복을 실어 주시마~~
한잔술에 노니하시고 둘잔술에 희망하셔서
원을풀어 원당짓고 한을풀어 한당짓어 소원 도와주마
화류에 제사없이 도와주시마~~~

조상거리

조상거리는 지역마다 특색이 있어 거성하는 방식이나 공수 내리는 방식이 다르고 신복 또한 지역마다 다양하다. 한양 천신굿에서는 초가망을 거성하여 말명까지 거성한 후 바로 이어서 조상까지 거성 한다.

장성만이 저술한 『무속고』 2집에 보면 '속설에 재복은 사중제신의 덕이요 자손 발복은 조상의 은덕이라 하였으니 굿에서 조상을 대위함이 으뜸으로 되어있다.'는 말이 있다. 다시 말해 뿌리 없는 나무가 어디 있으며 조상 없는 후손이 어디 있겠는가? 아버님이 씨를 주고 어머님이 살을 주어 한 인간으로 태어나 지금 살아가고 있는 것이다. 덧붙여 말을 하면 우리는 조상의 은덕으로 이승에 나와 살아가고 있으므로 조상이 편해야 후손들이 편하게 살 수 있다는 말이다.

조상거리에서는 친가 조상님을 4대조 양위까지 거성하여 대위하고 외가 조상은 2대조 양위까지만 거성하여 대위한다. 그러나 경우에 따라 조금씩 형식이 변할 수도 있다. 신복은 남치마에 섶수만 입고 양손에 방울·부채 들고 거성 후 공수를 준다. 공수는 집집마다 조상이 다르고 특색이 있어 특별한 양식이 없고 제갓집 마다 공수 내용이 다르다. 주로 조상님이 후손에게 하고 싶은 말 또는 덕담을 주면 된다. 한 조상 한 조상 거성하고 공수 주면서 무명 삼베를 갈라 준다. 조상을 다 거성하고 나서 본향노래가락을 부른다.

◉ 본향가망 노래 가락

천리소하니 본향 양산 산에를 올라

우염 ~ 단심이요 굽이 설산에 돌아오시니

설상에 매화 진꽃이 나비를 본 듯

본향 신령님 오시는 길에 가야금줄이 다리를 놓소

가야금줄 열두줄이니 어느줄로나 내려오소

줄아래 덩기덩소리 노니시고 본향양산 잡으신잔에

잔에~잔마다 이슬맺소 그잔도 외잔이오나 드시옵고

지성이라고 잔비우리 일광에 수 없는 잔을 드시옵고

신에 하위를 하소니다 0씨가중 본향님 하위 님조차

하위오나 양산 신령님 하위라고 천만년수 빌러를 왔소

부모자손 만~ 안년수 천년 산수를 빌고 만년지수에

복을빌어 삼천년 한오백하니 자손이 창성~저치시고

저치소사 액운액살 다쳐치소사 마누라 구설관제를

다저치시어 생기시고 생겨도주오 장안성밖에

재수소망 마누라 십중소원을 다 도우소사

노래 부른 후에 장구는 자진장단으로 변하고 거성한 계자님은 밤 대추로 제갓집에게 산을 준다.

말게받아 오신가망 설게 받아 오신가망 말게는 설게이며 조선마편 우래등성이요 부모자손 명산에 복산 받으소사

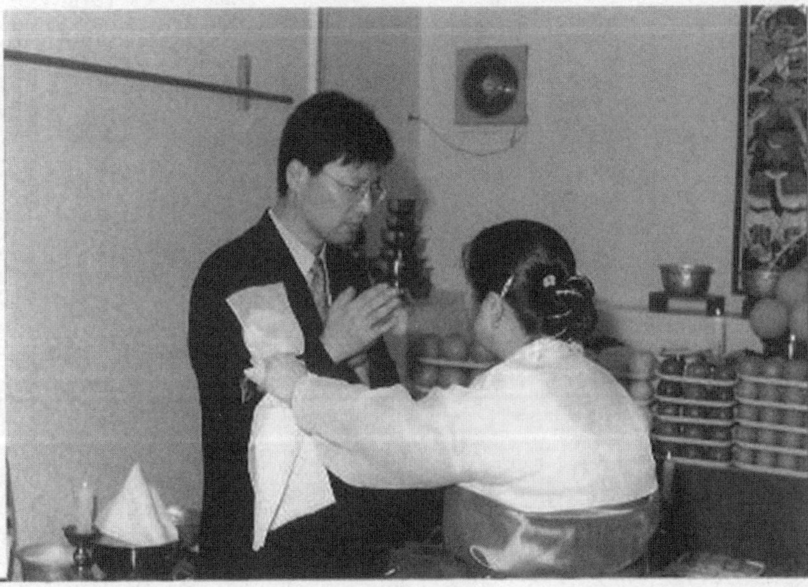

<조상 거리 공수 中>

대신님 거리

굿에서 그 굿을 주관하는 계자님에게 매우 중요한 거리이다. 대신님은 계자님의 몸주 신령님으로 글문 주고 말문 주고 등등을 가르쳐 주며, 계자가 무교의 사제로 살아 갈 수 있도록 수호해 주는 신령님이다. 몸주 신령님은 계자 몸의 주인이란 말과 동일한 단어인데 요즘 굿을 보면 대신님 거리를 소홀히 하여 대충대충 하는 경향이 많아 걱정스럽다.

대신님 신복은 몽두리이다. 색상은 황색인데, 오방(五方)색 중에서 중앙을 뜻하는 색으로 계자는 무교의 사제로서 만인을 대할 때 어느 한쪽에도 치우침 없이 만인을 평등하게 대하라는 신령님의 뜻이 있다고 필자는 생각한다.

다음으로 문헌상에 설화적으로 이어져 오고 있는 내력을 살펴보자. 조흥윤 교수가 저술한 『한국의 샤머니즘』에 보면 다음과 같은 내용이 있다.

"『동국여지승란(東國與地勝覽)』에 의하면 군위현(軍威縣) 서악(西岳)에 신라 김유신의 사당이 있는데 그 어머니를 만명부인이라 하여 역시 신으로 섬기면서 만명부인에게 기도 정성을 드리고 만명부인을 모신 신당에 반드시 동경(銅鏡)을 걸어 놓고는 명도(明圖)라고 한다."

보충설명을 하면 만명부인은 무교의 대신 신령님 원조격인 것이다.

대신님 거리의 공수에 12대신이란 공수가 있다. 잘 모르는 계자는 12대신을 무슨 대신, 무슨 대신하여 12대신으로 말하는 계자도 있고 각국에 12대신이라고 하는 계자도 있다. 하지만 정확한 12대신이 아니다. 지금부터 정확한 12대신을 필자가 학습한 내용과 문헌적 내용으로 서술 하도록 하겠다.

서울시에서 발행한『서울 육백년사』에서 필자의 신부(神父)인 이지산 선생님이 한양굿 내력을 소개한 내용을 보면 다음과 같이 기술하고 있다.

"서울 지방의 만신의 조종(祖宗)이 오만수(吳萬壽)인데 그의 세 딸, 즉 '첫째 딸 만신', '둘째 만신', '막내 만신'이 3대 신이 되어 맏형은 구파발에, 둘째는 동문(東門) 밖 각심절에, 막내는 우수현(牛首峴)의 당주(堂主)가 되었다. 세 딸은 다시 각각 네 사람의 제자를 두어 이들이 12대신이라 하여 매년마다 국사당에서 국태민안 굿을 진행했다."

다시 말해 한양에 무조(巫祖)는 삼궁(구파발, 우수현, 각심절)에 삼대신이 있고, 그 밑에 제자가 4명씩 있어서 3×4=12가 되어 각 궁에 12대신이라 하여 그 12대신을 뜻하는 말이다. 필자는 한양굿의 내력에 대해서 위 내용과 다르게 해석하는데, 구체적인 내용은 장군님거리를 소개하면서 하기로 한다.

또 하나의 설화는 이능화의 『조선무속고』에 나오는 법우화상에 관한 것이다. 그 내용은 다음과 같다.

“지리산 고엄천사에 법우화상이 있었다. 어느 날 산간에 비가 오지도 않았는데 물이 불어 그 원인을 알고 싶어 천왕봉에 올랐는데, 거기에 힘센 여인이 있었다. 그 여인은 스스로 소개하길 자신은 성모천왕이라 말하며, 인간 세상에 귀양 내려와 신랑을 만나기 위해서 물에 술법을 적용했다고 하여 둘은 부부연을 맺고 딸을 여덟 명을 낳아 딸들에게 방울과 부채를 들고 춤을 추는 무술(巫術)을 가르쳐서 팔도로 전파하여 무업에 종사하게 하였다.”

대신거리에서는 떡도 팔기도 하고 신의 자손이 있으면 신 부모가 거성 후에 바로 신복을 신 자식에게 내려 거성하게 하여 신 부모는 신 자식의 공수를 받아 준다.

대신님 의대를 입고(홍치마에 노란 대신몽두리), 왼손에 방울을 들고 오른손에 부채 들고 거성 후 춤을 추고 공수를 준다. 여기서 일반굿과 신령님 진적굿은 공수를 다르게 주어야 한다.

제상은 특별히 준비하지 않아도 대신님 시루를 별도로 준비한다. 떡은 백설기에 검은콩을 넣은 떡으로 세 시루 준비하여 본상 우측에 올린다. 대신님 떡을 세 시루를 올리는 이유는 한양계자님의 조종(祖宗)인 삼대신(구파발본, 노들본, 각심본) 할머니를 추모하는 뜻이 있다.

◉ 제갓집 재수굿 공수 (1차 공수)

어~~굿자

대신님 수위시라~~

애동기자 몸주로는 몸주대신 아니시리

해달같은 명두대신 할머니수이시라~~

거염하시던 억사말명 말명대신 아니시리 ~~~

삼하궁 으로 삼대신 아니시랴

각궁으로 열두 대신 아니시가~~

억사말명 박사대신 아니시리

위염을 보이시던 작두대신 수위시고

신아버지 신어머니 양두대신 할머니

하위받아 내리시고 국가원당 안에

삼대신대할머니 수위에서 좌우정성

받으시고 신가물에 액가물 거두어가마

◉ 제갓집 재수굿 공수 (2차 공수)

어 굿자~~~

성수님 수워시라~~

만신몸주로 말명대신 아니시리

설명도라 말명대신 아니시랴~~

넉 대신은 숨은대신 이라

만조상에 지장대신 아니시리~~

꽃잎보고 점사를 내리시던 꽃대신 아니시라

해달같은 명두대신 할머니수이시라~~

거염하시던 억사말명 대신할머니

아니시리

오늘 이정성 무스나은 정성이리

00가중으로 많은인간 왕래해도 구설관재도

막아주고 인바람도 막아달아는 정성아닌가

할머니 수워에서 구설관재도막아주고

인바람도 막아주고 재수문열어 도와 주는데

그냥 도와주기 서워섭섭하니

◉ 떡 타령

떡 사오, 떡 사오, 떡 사오 명떡이요 복떡이요

재수떡을 사가시오/ 정월에 보름달떡이요/

이월에 한식 송병이요/ 삼월 삼진 쑥떡이로다/

떡 사오, 떡 사오, 떡 사려오/ 사월 파일 느티떡에/

오월 단오 수리치떡/ 유월 유두에 밀전병이라/

떡 사오, 떡 사오, 떡 사려/ 칠월 칠석에 수단이요/

팔월 가위 오례 송편/ 구월 구일 국화떡이라/

떡 사오, 떡 사오, 떡 사려오/ 시월 상달 무시루떡/

동짓날 동짓날 새알심이/ 섣달에는 골무떡이라/

떡 사오, 떡 사오, 떡 사려오/ 두 귀 반쪽 송편이요/

세 귀 반쪽 호만두/ 네 귀 반쪽 인절미로다/

떡 사오, 떡 사오, 떡 사려오/ 먹기가 좋은 꿀설기/

보기 좋은 백설기/ 시금털털 증편이로다/

떡 사오, 떡 사오, 떡 사려오/ 골방 도련님 필낭떡/

각집 아가씨 실패떡/ 세 살 등등 사래떡이로다/

떡 사오, 떡 사오, 떡 사려오/

서방사령 의 청궐편/ 도감포수 송기떡/

대전별감 새떡이로다/ 떡 사오, 떡 사오, 떡 사려오.

명떡 복떡을 사가시오 이떡을 사잡으시며

구설관재 인바람 막아주고

재수열고 운수열어 소망성취하게 도와주마

떡을 사면 공수를 다시 준다.

00가중 00기주님 복떡에 명떡을 샀으니

할머니 수위에서 가지로 상덕 입혀주마

◉ 제갓집 재수굿 공수 (3차 공수)

애동기자 삼천은진중 육천은전안이라

대신 할머니 아니시랴~~~

불이대신은 신이대신 이라

글문주고 말문을 주시는

글문대신 말문대신 아니시라~~

억사말명 박사대신 아니시리

전안안에 창부대신 수위시고

위엽을 보이시던 작두대신
불리시던 기자말명 대신 할머니가
대한성수 하위받아 들으시고
오늘날을 이정성에 정성덕을 입히시어
원플이 정성에 한플이 정성으로 받으시고
도와주시마
오늘 할머니 가 받으시니 좋으시구나
내가놀고나시고 소원도우시리~~~

◉ 대신 타령 (재수굿 타령)

덩덩덩기덩 덩기덩덩
어떤대신이 내대신이냐
어떤대신이 내대신이냐
천하대신 지하대신 각궁으로 열두대신
우레주레 벼락대신 해달같은 명두대신
금성동반 호구대신 설명도라 말명대신
내대신이요 상산대신 본향대신도

내로구나 도와주고 도와를 주시든

내대신이요-

일상도 좋은건 덩덩~덩덩

사철만 좋은건 닐리리리~ 오나라 가나라

끼강깡깡~ 내대신에 거동을봐라

세귀접어 전대짓고 네귀접어

후대짓고 삼관육관 돌아다가

올릴반도 열두반이요 내릴반도

열두반이요 나비앉은 꽃반이요

새앉은입반이요-

절씨구~얼씨구~절씨구~~

춘하추동 사시절이요 천증세월

인증수라 춘만곤건을 복만가라

자손을길러 부귀공명 재물들도

늘여나고 소원성취 자손창성

소망성취를 도우시니 근들아니

경일소냐 당산학발 천년수요

슬하자손 만세영이라

소원성취들 도우시고 얼씨구~얼씨구~

소원들 이루게 도와주시리

얼수나~~~

춤을 더 추고 마무리 한다.

◉ 신령님 진적 거리

만수 받이

아 ~대신 아 ~대신

애동제자 애동제자 / 몸주로는 몸주로는

몸주대신 몸주대신 / 삼천진중 삼천진중

육천전안 육천전안 / 전안대신 전안대신

글문대신 글문대신 / 말문대신 말문대신

하위받아 하위받아 / 내리시고 내리시고

천하로는 천하로는 /천하대신 천하 대신

지하로는 지하로는 / 지하대신 지하대신

우례주례 우례주례 / 벼락대신 벼락대신

하위받아 하위받아 / 내리시고 내리시고

삼하궁에 삼하궁에 / 삼대신님 삼대신님

각궁으로 각궁으로 / 열두대신 열두대신
하위받아 하위받아 / 놀고나서 놀고나서
말문주고 말문주고 / 글문주자 글문주자
해달같은 해달같은 / 명두대신 명두대신
금성동반 금성동반 /호구대신 호구대신
억사같이 억사같이 / 블리시던 블리시던
말명대신 말명대신 / 박사대신 박사대신
창부대신 창부대신 /하위받아 하위받아
내리시여 내리시여 / 금산에서 금영검을
은산에서 은영검을 / 떠가지고 떠가지고
영검주자 영검주자 ~~~~~
신아버지 신아버지 / 신어머니 신어머니
글세받고 글세받고 / 말세받아 말세받아
손에다가 손에다가 / 육갑육적 육갑육적
눈에다가는 눈에다가는 / 서광주고 서광주고
입에다가는 입에다가는 / 말문열고 말문열고
귀에다가는 귀에다가는 / 열쇠열어 열쇠열어
장안가득 장안가득 / 블려주자 블려주자

동서사방에 동서사방에 / 문을열어 문을열어

새로새단골 새로새단골 /구단골들 구단골들 /

오시게하고 오시게하고 / 콩알같이 콩알같이

굵은단골 굵은단골 / 좁쌀같이 좁쌀같이

많은단골 많은단골 / 찹쌀같이 찹쌀같이

차진단골 차진단골 / 늘여주여 늘여주여

대한가득 대한가득 / 세계가득 세계가득

불려주자 불려주자

오는재수 오는재수 / 떠들여주고 떠들여주고

죽은 인간도 죽은 인간도 /살리시고 살리시고

단골마다 단골마다 / 부자되게도 부자되게도

할머니가 할머니가 / 도우시고 도우시고

춘하추동 춘하추동 / 사시절이요 사시절이요

천중세월 천중세월 / 인중수라 인중수라

춘만곤건을 춘만곤건을 / 복만가라 복만가라

자손을 길러 자손을 길러 /부귀공명 부귀공명

재물들도 재물들도 / 늘여나고 늘여나고

소원문을 소원문을 / 열어주자 열어주자

놀고나요 놀고나요

◉ 신령님 진적 공수 (1차 공수)

어~~굿자

할머니 수위시라~~

애동기자 몸주로는 몸주대신 아니시리

해달같은 명두대신 할머니수이시라~~

거염하시던 억사말명 대신 아니시리 ~~~

삼하궁 으로 삼대신 아니시랴

각궁으로 열두 대신 아니시가~~

억사말명 박사대신 아니시리

위염을 보이시던 작두대신 수위시고

신아버지 신어머니 양두대신 할머니

하위받아 내리시고 국가원당 안에

삼대신대할머니 수위에서 좌우정성

받으시고 신에가물없고 할리업시 도와주시마

◉ 신령님 진적 공수 (2차 공수)

어~~굿자

성수님 수위시라~~

만신몸주로 말명대신 아니시리

설명도라 말명대신 아니시랴~~

넉 대신은 슴은대신 이라

만조상에 지장대신 아니시리~~

꽃잎보고 점사를 내리시던 꽃대신 아니시라

해달같은 명두대신 할머니수이시라~~

거염하시던 억사말명 대신할머니 아니시리

오늘 이정성 무스나은 정성이리

새 글문에 새 말문 다라는 정성아니리신가

할머니수위에서 말문도 주고 글문도 주고

새영검 새로 새로 내려주마

할머니수위에서 떡에다 재수도 담고 영검도

담고 서기도 담아주시마~~~

◉ 떡 타령

떡 사오, 떡 사오, 떡 사오 명떡이요 복떡이요

영검 떡을 사가시오/ 정월 보름달떡이요/
이월 한식 송병이요/ 삼월 삼진 쑥떡이로다/
떡 사오, 떡 사오, 떡 사시오/ 사월 파일 느티떡에/
오월 단오 수리치떡/ 유월 유두에 밀전병이라/
떡 사오, 떡 사오, 떡 사려/ 칠월 칠석에 수단이요/
팔월 가위 오례송편/ 구월 구일 국화떡이라/
떡 사오, 떡 사오, 떡 사려오/ 시월 상달 무시루떡/
동짓날 동짓날 새알심이/ 섣달에는 골무떡이라/
떡 사오, 떡 사오, 떡 사시오/ 두 귀 반쪽 송편이요/
세 귀 반쪽 호만두/ 네 귀 반쪽 인절미로다/
떡 사오, 떡 사오, 떡 사시오/ 먹기가 좋은 꿀설기/
보기 좋은 백설기/ 시금털털 증편이로다/
떡 사오, 떡 사오, 떡 사려오/ 골방 도련님 필낭떡/
각 집 아가씨 실패떡/ 세 살 등등 사래떡이로다/
떡 사오, 떡 사오, 떡 사시오/ 서방사령의 청궐편/
도감포수 송기떡/ 대전별감 새떡이로다/
떡 사오, 떡 사오, 떡 사시오.
명떡 복떡을 사가시오 이떡을 사 잡수시며

흐린정기 내려치고 맑은정기 불어넣어
태산같이 영검주고 장안가득 불려주고
가지로 상덕 입혀주마

◉ 신령님 진적 공수 (3차 공수)

어~~굿자
애동기자 삼천은진중 육천은전안이라
대신 할머니 아니시랴~~~
불이대신은 신이대신 이라
글문주고 말문을 주시는
글문대신 말문대신 아니시라~~
억사말명 박사대신 아니시리
전안안에 창부대신 수위시고
위염을 보이시던 작두대신
불리시던 기자말명 대신 할머니가
대한성수 하위받아 들으시고
오늘날을 이정성에 정성덕을 입히시어
손에다가 육갑육적 내리시고 눈에다가

서광주고 입에다가 말문주고 귀에다가열쇠열어

영신통역 시키시어 장안가득

불려가고 세계가득 불려주고 사대문에

방붙이고 오관에는 이름내고 면면촌촌

이름나고 명도나고 죽는인간 살리시고

없는 인간은 구제하여 소원성취

도와주고 명기주고 서기주어

도와주시마.....

오늘 할머니 가 받으시니 좋으시구나

내가놀고나시고 소원도우시리~~~~

◉ 대신 타령 (진적 맞이)

하늘로올라 천상대신 / 옥황천존에 천존대신 /

천신대신 내려오시고 / 삼천진중 육천전안 /

각국나라 열두대신 / 애동기자 몸주로는 /

직성대신 하위를받고 / 천하대신은 지하대신 /

우례주례 벼락대신 / 하위받아 내리시고 /

신아버지전안대신 / 하위받아 노시고나고 /

나라로는 국가원당 / 삼대신 할머니 노시고나고 /

팔도명산 산신대신 / 본향으로 본향대신님 /

해달같으신 명두대신 / 금성동반 호구대신 /

주역대신에 육갑대신 / 억사같이불리시던 /

말명은대신 할머니 / 박사대신 창부대신 /

위염을뵈시던 / 작두대신할머니가 /

장안가득 불려주고 / 동서사방에 문을열어 /

정성덕을 입히시고 / 손에다가 육갑육적 /

눈에다가는 서광주고 / 입에다가는 말문열고 /

귀에다가는 열쇠를열어 / 구단골들 오시게하고 /

새로새단골 늘여주시고 / 면면촌촌 수많은단골 /

단골늘이게 도우시고 / 콩알같이 굴은단골 /

좁쌀같이 많은단골 / 찹쌀같이 차진단골 /

양반단골에 판사단골 / 검사단골 회장단골 /

사장단골 상인단골을 / 인여지게 도와를주시고 /

우리기자도 가는재수 / 휘어다가 생겨주고 /

오는재수 떠들여주고 / 죽은 인간도 살리시고 /

단골마다 부자되게도 / 할머니가 도우시고 /

절씨구~얼씨구~절씨구~~

춘하추동 사시절이요 / 천증세월 인증수라 /

춘만곤건을 복만가라 / 자손을 길러 부귀공명 /

재물들도 늘여나고 / 소원성취 자손창성 /

소망성취를 도우시니 / 근들아니 경일소냐 /

당산학발 천년수요 / 슬하자손 만세영이라 /

소원성취들 도우시고 / 얼씨구~얼씨구~

소원들 이루게 도와주마

정성에 따라 공수를 더 준다.

〈대신 거리〉

관성제군님 또는 성제마마님 거리

관성제군(關聖帝君)님 순서 전까지 굿을 진행한 형태나 성격을 살펴보면, 우선 천궁맞이 순서에서 천신님을 청배하고 맞이하여 굿을 시작하는 단계로 엄숙하고 장엄하게 진행했으며, 산신(본향)님거리는 지신과 조상님을 청배하여 굿을 진행했기에, 굿이 애절하고 조상님에 대한 애틋한 감정이 표출하여 굿이 조금은 무거운 분위기로 진행해 왔다.

이제부터 시작하는 굿의 과정은 삼신(천·지·인) 중 인신에 해당하는 거리로 흥미와 재미를 부여하며 다른 종교 의식에서는 찾아보기 힘든 가무와 음주를 곁들여 굿을 진행한다. 이 굿은 과거에서 미래로 전환하는 시점이다. 다시 말해 제갓집 가족에 대한 미래의 운수나 재수와 같은 희망을 기원하며 또한 미래에 전개될 악운을 소멸하는 과정을 주제로 하여 굿이 진행된다.

관성제군님은 중국 산서성 운성시 상평촌에서 탄생하였으며 본명은 '관우(關羽)'이며, 자는 '운장'이라 하였고, 29세에 유비님과 장비님 하고 도원에서 형제의 결의를 맺고 촉한의 장수로 천하통일을 위해서 수많은 전장에서 승리를 하여 용맹과 위업을 성취하였다. 그러다가 형주 전쟁에서 오나라의 장수 여몽에게 생포되어 오후(吳侯)인 손권이 처형하여, 쉰여덟 연세로 명장의 최후를 맞았다.

『한나라 말년에 그 재주 당할 자 없고

관운장이 홀로 뛰어 났도다

신다운 위엄은 무(武)를 분발하고

선비아량을 겸비하여 글을 알았도다

하늘의 해 같은 마음은 바로 거울이요

춘추의 의기는 구름에 전하니

삼분(삼국)천하의 으뜸만이 아니라』

위의 시는 관성제군님 죽음을 추모하는 글이다. 중국에서는 관성제군님이 무신으로 그리고 재복 신령님으로 많은 중국 국민에게 추앙받는 신령님이며 지방 곳곳에 관성제군님 묘를 건립하여 추모를 하고 있다. 관성제군님 묘는 광무 6년(1902) 관왕에서 관제라 추숭하여 '관제묘' 또는 '무묘(武廟)'라고도 하였다.

우리나라에 관성제군님 묘가 건립된 이유는 조선시대 선조 임금님 때 임진왜란이 발생하자 조선 왕실에서는 중국의 명나라에게 원정을 청하여 명나라 군사가 들어와 주둔하면서 무신인 관제님께 전쟁의 승리를 기원하는 예식을 올리기 위하여 남관왕묘를 선조 31년(1598)에 명나라 유격장군 진인이라는 장수가 세웠기 때문이다. 동관왕묘는 선조 32년에 지금 서울시 종로구 숭인동238-1호에 명나라 경리 만세덕에 의하여 착수되어 선조 34년에 준공하였으며, 1889년 종로구 명륜동에 북묘를, 1902년 서대문구 천연동에 서묘를 창건하여 한양에 네 군데 묘가 있었는데, 지금 현존하는 묘는 동관왕묘뿐이며 남관왕묘는 동작구 사당동으로 이전하여 명맥만 이어가고 있을 뿐이다.

구 계자님들 중엔 이 거리를 '전안거리'라고 말하기도 한다. 관성제군님 묘를 '육천전안'이라고도 하여 '전안거리'라고도 하는 것이다. 요즘 계자님들은 신당을 전안이라고 많이 하는데, 관성제군님을 모시고 있지 않은 계자는 전안이라는 말을 사용할 수 없으므로 신령님 계신 곳을 신당이라고 표현하는 게 정확한 표현이라고 하겠다. 관성제군님거리는 관성제군님을 모시고 있지 않은 계자는 거행 할 수가 없다.

관성제군님 신복은 우선 백치마를 속치마로 입고, 그 위에 남홍색 대란치마를 입고, 상의는 황룡포를 입고, 세조대(솔띠)를 두르고, 양손에 금관을 들고 거성하여 금관을 머리위에 쓰고, 양손을 황룡포 소매 속으로 넣고, 거성을 또 한다. 거성을 어느 정도 하면 손을 소매에서 빼어 오른손에 청룡언월도 왼손에 오방기 중 삼색(노랑, 청, 빨강)기를 들고 거성 한다.

청룡언월도는 관성제군님의 무기로써 들고, 삼색기는 관성제군님께서 삼국을 통일하다 화신(化神)이 되었기에 그 뜻을 기원하기 위해 삼색을 드는 것이다. 여기서 주의할 점은 백기는 절대로 들어서는 안 된다는 것이다. 전장에 있는 장군에게 백기는 굴복이며 항복을 의미하기에, 이 거리에서 백기를 드는 행위는 관성제군님을 모독하는 행위이다. 관성제군님은 최후에도 오후(吳侯)인 손권에게 항복하지 않고 죽음을 선택한 분이다.

제상은 본상을 중심으로 하여 오른쪽에 차리고, 제물은 육포 개피팥찰떡 위에 천장편 셋을 놓고, 그 위에다 수팔연을 꽂고, 나물·과일·약주 등을 올린다.

〈관성제군님 거성〉

◉ 관성제군님 1차 공수

어~~굿자

사천성 성도시 무후사라

천상천하 관운장님 수위시라~~

좌에 흥 장군 우에 평 장군님 아리시가

옥천대사는 누냐 하시리

유관장 삼형제분 도원결의를 맺으시고

천하통일 하옵시고

악자를 물리시고 선자를 구하시다

천하은 대전에 성제마마 황제폐하

관성은제군 성제마마님 아리시리~~

소일황제님은 누라하시리

관성제군 문창제군 부우제군 삼제군 아리시리

국태민안 하고 시풍연화 하게 도와주시마

◉ 관성제군님 2차 공수

어~~굿자

관성제군님 수위시라

동관왕묘는 남관왕묘이며

서관왕묘는 북관왕묘 아니시라~~

남산으로 와룡당 제갈공명님 수위 아니시랴

동묘는 인물받아 기우시고

남묘는 우패받아 기우시다

0씨가중에 0씨기주님 아리시랴

오늘은 이정성 하늘같이 높이 받고

땅같이 넓게 받으며 태산같이

받아 가지로 상덕 입혀 주시마

◉ 관성제군님 3차 공수

어~~굿자

삼천은 진중 육천은 전안이라

유관장 삼형제분 범같은 신령님 초록같은 임신네요

내전으로 감부인, 미부인, 손부인 아리시라~~

옥천대사는 누라하시라

삼천은 진중 육천은 전안으로

우마군령 백마신령 아니시라

날랜 오호대장은 황장군 장장군 조장군

우장군 왕장군 아니시라

삼천은 진중 육천은 전안

신장 대감 하위받아 내려

운수문 열어주고 재수문 열주고

0씨 대주 재수열어 관록 도와주고

부자되고 장장 되게 도와 주시마~~~~

<관성제군님 거리>

장군님거리

일명 '대(大)거리' 또는 '상산거리' 혹은 '마누라거리' 라고도 하며, 두개를 합쳐서 '상산마누라거리'라고도 한다. 구파발본 문서를 계승한 분들은 '최영 장군' 또는 '덕물산마누라(최영장군을 뜻함)'라고 호명하기도 한다. 위에서 나열하였듯이 장군님거리는 많은 이름이 존재 하지만 대다수 제목이 최영 장군님을 뜻하고 있는데 필자는 장군님거리를 최영 장군님거리로만 국한하여 호칭하는 것은 너무 편협한 것이 아닌가 하는 생각을 해 본다.

장군님거리는 공수나 제목을 보면 혼돈 할 수 있는 단어들이 나오고 필자 역시 혼돈되는 단어가 있어 소개할까 한다. 먼저 필자는 '상산'이란 단어를 '덕물산에 최영 장군님이 계셔서 상산(上山)이라', 즉 '높은 산'이라고 학습하였다. 그런데 조흥윤 교수가 집필한 『한국의 샤머니즘』이란 책에 보면 '상산은 덕물산 위에 있는 작은 마을의 지명'으로 설명되어 있다. 어느 것이 올바른 뜻인지 혼동되어 소개해 보았다.

또한 '마누라'란 단어가 있다. 일반적 상식으로는 중년이 넘은 아내를 가리키는 단어지만 굿에서 사용하는 '마누라'란 단어는 황해도 지방 방언으로 '마마'란 뜻이다. 위의 내용을 보면 한양굿이 개성굿과 무관하지 않다는 것을 알 수가 있다.

한양굿의 뿌리를 찾아 역행하여 올라가면 개성굿이 기초가 되어 만들어졌다. 구체적으로 설명하면 조선이 건국하기 이 전에 고려의 개성이 수도였으며, 그 시절 개성은 국가적으로나 사회적으로나 무척 중요한 도시였고 무교 적으로도 매우 중요한 도시였을 것은 자명한 사실이다. 그러다가 태조 이성계가 조선을 건국하면서 수도를 한양으로 천도하여 많은 백성들이 한양으로 이사를 해야 했을 것이다. 물론 무교의 사제도 신도들을 따라 신당을 한양으로 이전하여 무업을 이어가야 했을 것이다.

이렇게 한양으로 이전하면서 개성에 있는 기존 신도들을 관리하고 한양으로 이사한 새로운 신도들을 구성하기 위해서 가장 적합한 장소가 필요했는데 그곳이 바로 지금의 '구파발'이다. 구파발은 개성과 한양의 중간 지점이며 개성에서 한양으로 들어오는 길목에 있는 장소이다. 계자들이 한양으로 이전하며 처음으로 무교촌을 형성한 곳 또한 지금의 구파발이다. 그래서 한양굿 문서 중 구파발본 문서를 큰집으로 인정하는 것이다.

다음으로 신도들이 어민이 많았던 계자들은 육로가 아닌 뱃길을 따라 한양으로 입성 했을 것이다. 입성 과정을 보면 바로 한양으로 들어오지 않고 강화도를 통해 인천으로 들어와 정착하였다.(그런 까닭에서인지 지금도 인천 지방은 한양굿 하는 사람보다 이북굿을 하는 사람들이 더 많다) 그렇게 인천에서 정착하다 한양으로 들어와 자리 잡은 곳이 바로'노들변'마포 나루터 건너편이다. 그래서 구파발 무가가 큰집으로, 노들본 무가가 작은집으로 형성되었던 것이다. 그렇게 시간이 흘러 조선 사회가 안정과 발전을 하면서 외곽에 있던 계자들이 한양 성내로 들어와 정착하여 무업을 전개하는 과정에서 정부로부터 성내에서 퇴출되거나 철퇴를 맞는 불상사가 발생했다. 이들 중 일부는 구파발 본가로 귀향하고, 노들변 본가로 회환하는 계자도 있지만, 성내에서 가까운 동대문 밖'각심절'근처에서 새로운 무교촌을 형성하게 되었는데, 이로써 각심절이 마지막으로 한양굿의 본가로 형성되는 것이다.

현존하는 한양굿과 이북굿의 가장 큰 차이점은 작두거리이다. 한양굿은 별상님이 작두에 오르고, 이북굿은 장군님이 작두를 탄다. 한양굿은 작두를 타지 않고 사슬만 세운다. 왜 한양굿과 이북굿에서 다른 신령님이 작두를 타는지는 다음에 나오는 별상님거리에서 상세히 설명하도록 하자.

장군님 신복은 우선 백치마를 속치마로 입고, 그 위에 남홍색 대란치마를 입고, 상의는 남철릭을 입고, 머리에는 큰머리를 올리고, 그 위에 주립(朱笠)호수를 꼽아 장식하여 쓰고, 오른손에 월두검을 왼손에 삼지창을 들고 거성하여 공수를 준다.

장군님 제단은 오른쪽에 차리고 통 갈비를 받치는데, 갈비 위에 파, 홍실고추, 계란지단(흰자, 노른자 따로), 석이버섯채로 고명을 올리고 우족 한 쌍, 산적, 양지머리, 약주 등을 올린다.

◉ 장군님 1차 공수

어~~굿자

높소 하시다 장군 마누라 수위시라

국가원당을 친히기우시 천하대장군 마누라

지하대장군 마누라 아니시라~~

밀물에 오르시고 썰물에 나리시다

물마누라 용장군 용태부인마마님 아니시리

우마군령 백마장군님 아니시리

열병 도원수 대장군 마누라이시며

파주 파평산 윤씨대왕 적성 감악산

천종대왕 빗돌대왕 수위 아니시리

좌우정성 급이시니 설상에 매화 본정성에

눈진산에 꽃보는것 같은 정성이라

장군님 수위에서 왼돗잡아 홍굴레씌어 받으시고

적은돼지 꽁지찍어 받으시고 일월같은 밥소래에

고기 띄어 받으시고 삼색예단에 홍두깨 통비단

양목예단에 금침단침 으로 만만히 대령했으랴

0씨기주님아 먹을전은 뉘전이고 쓰는게 뉘 것이랴
화상좋아 살았으며 음성좋아 살았으랴
좌우정성 소소하고도 약소한 정성 태산같이 받으시마

◉ 장군님 2차 공수

장군님 수위시라
안산은 여덟이요 밧산은 열세위라
일국지 명산에 제불지대천이라
신덕물 마누라 후덕물마누라
송악은 상대에 가사위 덕물산
최영장군은 의일장군님 아니시리
조선의 명인이요 백성의은인이라
삼국충신 의림장군 마누라 아리시라
황해도 평산에 신장군 유장군 복장군
배장군 누라하시리
제주도 한라산 양씨부인 원나라 조공을
바드시던 여장군 마누라 수위시라
내마누라 수위에서 앉아서 삼천리요

섯주어구만리 연경만리 굽어 보실제

검은땅 흰백성이 어떤백성 내백성 아리시랴

장군님 수위에서 봄이면 가을 기다리고

가을이면 봄을 바래건만 위춘하고 대위한

정성 무엇 있으리 죄상을 생각하면 북한산이

가볍건만 벌을 풀어 상을 주리

상을 풀어 벌을 내리시까

장군님 수위에서 금일은 정성받고 0씨가중

양위님이 마음먹은일 여일하고 뜻 세운일 대길하게

도와 만사가 형통하게 도와주시마~~~

◉ 장군님 3차 공수

어~~굿자

검은산 들러치 배웅산 나웅쳐서

장군 마누라 수위 아니시랴

안산은 영검산에 밧산은 귀엽산이라

애동은 내제자 삼천은 진증 육천전안으로

사신 장군님 수위 아니시라

대나라 대장군 삼나라 삼장군 마누라 아니시리

0씨가중으로 0씨기주님아

금일은정성 공 많이 드린정성에

애 많이 쓴 정성이라

장군님 수위에서 이정성 받으시고

재물늘어 주시고 철량생겨 주시고

신사 삼년 깨끗하게 도와 소원문 열어 주시마.

〈장군님 거리 거성〉

별상님거리 (작두거리)

별상님 거리는 조선시대에 왕세자 중 불운하게 돌아가신 분들을 주신으로 모시고 추모하고, 가정에서는 역병으로 사망한 망자를 추모하여 국가나 가정을 불운에서 보호하기 위한 굿 순서이다.

장군님 거리에서 잠깐 설명하였듯이 한양굿에서는 별상님 거리에서 작두에 올라 공수를 준다. 굿에서 작두를 타는 이유와 한양굿에서는 이북굿과는 달리 별상님이 작두를 타는 이유는 다음과 같다.

작두는 칼이다. 칼은 무사나 군인에게 있어 충성을 뜻하고 명예를 뜻한다. 옛날 군대에서 칼은 가장 중요한 무기이며, 외세침입을 방어하는 방패이며, 국가의 치안을 유지하기 위한 도구였다. 국가적인 혼란 속에서 칼에 죽은 무사 및 장군님의 원혼을 추모하여 국가적으로는 평화를 유지하고 안전한 발전을 기원하기 위해서, 가정에서는 집안에 평온을 유지하고 역병(천연두) 및 삶 속에 있는 역경으로 부터 보호하기 위하여 신령님이 작두를 타는 것이다.

또 한양굿에서 별상님이 작두를 탄다고 하였는데 먼저 별상님 신복을 설명하면 한양굿에서 별상님이 작두를 타는 이유를 이해하는데 도움이 될 것이다.

별상님 신복은 쉽게 설명하면 조선시대 포도청 사또님 의복과 동일하다. 조선시대 사또는 무(武)와 문(文)을 동시에 주관하여 백성의 치안도 담당하였고, 백성의 건강 또는 역병을 관리하기 위해서 의술도 주관하였다. 그래서 한양굿에서는 별상님이 작두를 타는 것이다. 이북굿에서 장군님이 작두를 타는 이유는 이북은 북방 경계선이 있는 곳으로 언제 외세의 침입이 발생 할 줄 모르고, 백성의 치안을 군인이 주관 하였기에 장군님이 작두를 타는 것이다. 그래서 이북굿에서는 작두 타는 신령님 신복이 전투복이다.

별상님 의복은 먼저 전립을 머리에 쓰고, 백치마를 속치마로 입고, 그 위에 남홍색 대란치마를 입고, 상의는 먼저 동달이를 입고, 그 위에 전복을 입고, 가슴에 전대를 매고 오른손에 부채 들고 왼손에 삼지창을 들고 거성 하여 공수를 준다.

별상님 제단은 장군님 제단과 동일하다.

〈별상거리 中 작두거리〉

◉ 별상님 1차 공수

어~~굿자
별상님 수위시라
이나라 이씨별상님 저나라 홍씨별상님 아니시라
강남 대한국은 천자별상 마마님 아니시리
웃대궐 창덕궁 아래대궐 창경궁 종묘사직
위패를 정하시다
수원 대목안에 뒤주대왕 장헌세자 아니시라
김포통진 새별상님은 양전마마 외 별상 아니시리
강화도로는 여별성 누라하시라
가구적간 인물적간 나오시는 호구별상님 수위라
검은땅 흰백성이 별상님 백성이 아니시며
사대문에 진상천의 별성님 천이 아니시리
네 한쌍에 점을찍고 두쌍에 이름찍어
은다대 검은다대 홍역마마 곱게받들어 주시마
좌영문 취타에 우영문 수악수에 홍두깨 필육을
받으시던 내별상님 수위에서 좌우정성 굽으시고

맺은마음 풀으시고 감든마음 사하셔서 장래를 보고

원래를 생각하여 삼년이 편안하고 석달을 곱게나게

도와를 주시마

◉ 별상님 2차 공수

작두를 들고 거성하여 작두에 오른 후 사방으로 사배를 하고 공수를 준다.

어~~굿자

별상님 수위시라

0씨가중 0씨 기주님 아니시리

욕심많고 탐심도 많은 별상 마누라 아니시라

길아래 삼천병마 길위에 오천군사 거라리고

외날은 작두 눌러 타고 쌍날작두는 건너 타시고

굽이시니 칼날 같은 시절에 험난한 세월 아니시리

영검하고 근엄한 내별상님 수위에서

칼날 같은 세월 살아도 험한일 없이 도와주시고

악한일 없이 도와 분분한 세월이 돌아가도

편안하게 도와주고 손재수도 삼재팔란 관재구설수도
막아서 0씨 가중으로 만복이 깃들고
가지로 상덕 입게 도와 주시마

◉ 별상님 3차 공수

별상님 수위시라
상산별상은 정전별상 마노라 아니시리
산기피 앉으시고 골기피 기우시던 별상님 아리시랴
별성님 수위에서 이정성 받으시려고 머리위에
손을얹고 기다리고 바랐드니 아는듯이 대령하고
보는듯이 대우했으니 약소한 정성 태산처럼 받으시마
별성님 수위에서 널리먹고 흔히쓰게 도와주며
적게먹고 많이모아 부자되고 장장되여 다음 대우에
만만히 대령하시오

◉ 사슬 세우기

갈비하고 우족으로 사슬을 세운다. 사슬은 먼저 월두검을 세우고, 이어 삼지창에 우두와 우족을 꽂아 세우고, 그 다음에 통 갈비를 꽂아 사슬을 세운다. 사슬이 서면 모두 합창으로 상산노래가락을 부른다.

◉ 사슬 축원문

구이보소사 영검하신 별상님 거엽하신 별상님
이사슬을 아니 받으시면 백에 백사가 불길하고
만에 만사가 허사랍니다 육지사슬 받으시고 천금사슬로
받으시어 정성덕 입히소사 0씨가중 정성에 덕이 되시구
열손정성 스물 손 발원 입니다 애많이쓴 정성에 힘많이
드린정성 소소하다 말씀 마시고 육지사슬로 받으소사.

사슬이 서면 별상님 술잔을 들어 굿청에 오신 손님에게 두루두루 나누어 준다.

명잔에 복잔이라 별상님 수위에서 재수잔에 소원잔 내리어

만사가 형통하게 도와주고 가지로 상덕 입혀가시마.

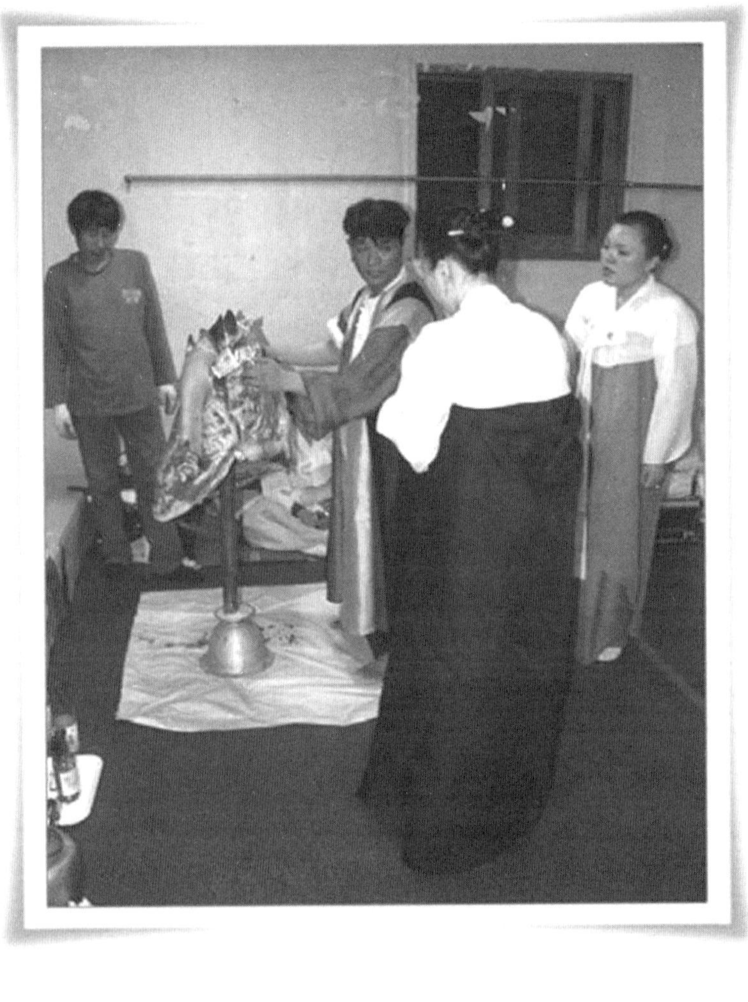

〈 사슬 세우기 〉

◉ 상산 노렛가락

산간데 그늘이요 용가신데 수이로다

수이라깊소건만 만경창파가수로이다

마누라 영검수이를 깊이몰라

국이언만 제마당에 전이로다 시절은

시절이오라 높손별상님 시절이로다

성신이 오동잎하니 갈길모라~~

나라에안녕을하오 부귀태평만만세

나라도안녕이오나 국가원당이태평이로다

손인에 임금백성이태평성대~~

어이하여못오시나 무삼연고못오시나

산높아못오시나 물이깊어서 못오시나

춘수가 만사택하니 산물이겨워~~

높손별상오신는길에 비수창검다리노소

비수장검이오나 날로안에섞어오소

즐아래덩기덩소리 노니라고~~

장군별성잡으신잔에 황소주로이슬이맺소

이잔에두 저잔이요나 지성이라고 쌍비오라

월광에 수엷는잔은 스스라구~~

인에하위 허소이다

높소신령님 하위라고 마누라

서천명월이하외는가 천년만년수빌리를왔소

부모자손만년수 천년산 수를빌고

만년지덕에복을빌어 삼천년한오백하니

자손이창성~~~

재수소망생기소사 0씨대주외방소망

외방에 소망오나 성안성밖에재수라고

사도에 헤여진 소망 손을몰까

정성덕을 입소와지요부모자손이환국덕요

환국에 덕이오나 정성마다덕이라고

마누라 지원상덕을 다입힐까

신장님 거리

신장님은 우리 삶 속에 가장 가까이 있으며 악마나 잡귀에서 우리를 보호하고 인간 삶속에 있는 모든 길흉화복을 주관한다. 오방신장님은 방위를 수호 하며 우리를 보호해 주기도 하지만 바람·물·번개 등으로 우리에게 재앙을 주기도 한다. 신장님을 상징하는 기물로는 오방기가 있다.

오방기의 유래는 옛날 태호 복희씨 시절에 복희씨가 석역팔괘를 마련할 때 오방기를 만들었으며 오행이 상생하면서 사람에게는 오행이 상생극하여 춘하추동을 뜻하고 동서남북·중앙·오방·팔방· 이십사방을 마련했으며, 동서남북의 잡신을 몰아내는 기운이 있어 굿에서는 주당물림 또는 부정청배 할 때 잡귀·잡신을 퇴송하기 위하여 오방기를 사용한다.

동방청제신장은 청룡으로 동쪽을 상징하고 청춘에 죽은 혼신을 뜻하며, 남방적제신장은 주작으로 남쪽을 상징하며 불을 뜻하고 남방산에 기도하여 소원을 이루었다하여 재수를 의미 한다. 서방백제신장은 백호로 서쪽을 상징하고 천상을 의미하며 약사나 의술로써 인간에게 우환과 질병을 잘 돌봐 준다. 북방흑제신장은 현무로 북쪽을 상징하고 어둠을 뜻하며, 밤에 활약을 많이 하고 인간에게 우환 또는 벌을 주기도 한다.

또한 신장님 거리에서는 제갓집 식구 중 허주 또는 잡귀가 있는 사람이 있으면 잡귀를 쳐낸다.

신장님 신복은 먼저 전립을 머리에 쓰고, 백치마를 속치마로 입고, 그 위에 남색 대란치마를 입고, 상의는 먼저 동달이를 입고, 그 위에 전복을 입고, 가슴에 전대를 매고, 양손에 오방기를 나누어 들고 거성 하여 공수를 준다.

◉ **신장님 1차 공수**

어~~ 궂자
신장님 수위시라
삼십삼천 제당신장 아니시리
이십팔수 제위신장 아니시랴~~
오방신장 아니시랴
동방에는 청룡신장 이며 남으로는 주작신장 아니시랴~
서방으로 백호신장 이며 북으로는 현무신장님 아니시리
중앙 한가운데 황제 신장님 수위시라
0씨기주님아 0씨가중이 운수가 불길하고
흉학하여 신장님이 걱정이 태산 같았는데
아는 듯이도 잘하고 보는 듯이도 잘했다
우리 신장님이 험한 것도 없이 도와주고 악한 것도 없이

도와주시고 외방 타방 늘러 식구대로 편히나고
곱게나게 도와 가시마
얼쑤나~~

◉ 신장님 2차 공수

어~~굿자
삼천진중 육천전안 전안신장 아니시리
육갑 신장 둔갑 신장님 아니시며~
각국 나라 열두 신장님 아니시리
의술신장 제복신장 아니시가
우리신장님이 이렇게 받으시니
얼마나 좋은지 모르겠다
신장님 봄이 되면 가을을 기다리고
가을이면 봄을 봐라시고
춘추 양덕으로 바리시고 기다렸더리
아는듯이도 대령하구 보는 듯이도 우춘 했으니
귀엽고 반갑우시다 반갑고 귀엽우시다

우리 신장님이 얼마나 좋은지 모르겠다
좋으니만큼 생겨주고 좋으니만큼 도와 주시마~~

◉ 신장님 타령

우리신장 거동을 봐라
우리신장 거동을 봐라
얼마나 좋은지 모르겠다
이렇게 노시니 정말좋다
사철말 좋은건 덩기덩덩
일상도 좋은건 닐니리야
평상도 좋은건 끼강깡깡
어떤신장 내신장님이냐
어떤신장 내신장님이냐
오방신장 둔갑신장 육갑신장 내신장이요
물아래 용궁신장 물위에 용신신장
제당신장 십이신장도 내로구나~~
덩덩덩덩 덩더쿵

이때하고 그 어느때가

『춘삼월은 호시절이 돌아오니 꽃은피어
만발하고 잎은 피어 청산인데
화자작 범나비는 꽃을보고 날아들고
황금같은 꾀고리는 양류사이로 왕래하고
먼산을 바라보니 아지랑이 아물거리고
산은 높고 골은 깊어 은옥같이
흐르는 물에 낙화 둥둥 떠나가니
얼마나 좋은지 모르겠네
우리천궁 신장님이 이렇게 받으시고
은자보물 숨은 철량도 쓰고 남게
도와주시마~~ (봄 굿일 경우)』

『삼사월이 좋다해도 구시월만 못하리라
건너산을 쳐다보니 산국화는 만발하고
들국화는 봉을지고 만산에 단풍이드니
가지가지 낙화로다 내신장님 거둥을봐라
길아래 삼천병마 길위에 오천군사

우마작대로 거느리고 좌영문 취타대요

우영문 수악수 노실적에

영검을 주고 서기를주시든 내신장이요

가는소망 손을쳐주마 오는소망도 낚꾸어주마

은자보물 숨은 철량쓰고 남게만 도와주마

우리천궁 신장님이 이렇게 받으시고

재수열어 도와주고 철량생겨 도와주고

소원이루어 주시마~~~~ (가을굿일 경우)』

◉ 신장님 3차 공수

어~~굿자

신장님 수위시라

앉아서 삼천리 서서 구만리 굽으시던

신장님 아니시랴

내 신장님 수에서 좌우정성 받으시니

어찌아니 귀엽고 반가우시라

우리신장님 이렇게 놀고 나니

정말 좋으시다

우리신장님 덕담대로 축원대로

만사가 대길하게 도와주시고

나라천 대주도 높이되구 귀히되서

벼슬공명 있게 도와주니 다음 정성에

만만히 대령 하여라~~

〈신장님 거리〉

대감님거리

대감거리는 재물과 명예와 복록을 가져다 주는 재복신(財福神)이며 사람을 수호하고 보호하는 몸주대감, 직성대감 이다. 또한 사람뿐 아니라 지구에 존재하는 모든 물체에는 대감신이 있다. 나무에 목신대감, 돌에는 석신대감, 자동차에 차대감 심지어 죽은 나무에는 고목대감이 있다고 숭배한다. 필자는 자동차에 신령님이 있다기보다는 자동차를 혼신을 다해 만든 사람에게 있는 몸주대감님에게 감사하는 마음을 간직하기 위해서 그리고 나무 하나 풀 한포기도 생명이 있으므로 천신님이 우리에게 준 자연을 소중히 여기고 감사하는 마음으로 살아가라는 신령님의 깊은 뜻이 있다고 생각 한다. 또한 무교의 사제로서 작은 것에도 머리 숙여 본인의 몸을 낮추고 겸손한 마음으로 살아야 한다는 뜻으로 이해한다.

대감님거리는 굿거리 중에서 대중들에게 가장 많이 알려진 굿거리 순서이다. 왜냐하면 굿에서 뿐만 아니라 국악하는 분들도 대감놀이라 하여 많이들 공연해서 대중들도 많이 알고 있기 때문이다. 또한 서사와 풍자가 많아 굿에서도 가장 볼거리가 있으며 흥겨운 거리로 우리 민족혼이라고 할 수는 풍류가 많이 배양되어 있다. 그래서 재수굿이나 경사굿에서는 이 대감거리가 얼마나 (거방지고) 흥겹게 놀아졌는가에 따라서 굿을 잘했는가, 못했는가가 판단되기도 한다.

대감님 제상은 절편을 쓰는데 시루 째 상 위에 올려놓고 탁주(濁酒), 우두(牛頭), 우족(牛足)을 곁들이며, 우 갈비찜을 올리고 녹두

전, 묵도 함께 올린다.

대감님 의복은 먼저 전립을 머리에 쓰고, 백치마를 속치마로 입고, 그 위에 남색 대란치마를 입는다. 상의는 먼저 홍철릭을 입고, 그 위에 전복을 입고, 벼슬대감님이 거성하여 놀고 난 후 홍철릭을 벗고 남색전복만 입고, 머리에는 전립을 쓰고, 오른손에 부채를 들고 몸주대감을 논다. 그 다음에 흑색전복을 입고, 머리에는 전립을 쓰고 터 대감님이 무악에 맞추어 거성하여 공수를 준다.

〈벼슬 대감〉

◉ 벼슬대감님 공수

어~~굿자

나는 누구시리~~

상산대감 별상대감 사신대감 아니시리~~

육천은 전안에 신장대감 아니시랴

어사대감 판사대감 이시시리~~~

00씨 가중으로 옛날은 옛적으로 윗대궐 경복궁

아랫대궐 창덕궁으로 우패받아 지니시고

왕래 하시던 벼슬대감 아니시랴~~

뿌리대감 조상대감 아리시리

욕심많은 내다감 탐심많은 내대감이

좌우정성 굽이보니 요지에 일월갈고

잔나비 흉내갈구나 아이들 소꿉장난 갈으시다

내대감이 먹을것도 생겨주고 쓸전도 늘어주셨는데

다 이것이 무엇이시냐

우리대감이 이것만 생겨주고 요것만 늘어주었느냐

욕심많고 탐식도 많은 내대감이

술을 받으시며 동이술에 박아지를 띄어 받으시고

양지머리 걸안주에 대양푼 갈비찜 소양푼 제육찜에

후두두 영계찜을 받으시고 놀시던 내대감 이시다

어~~허허허

그래도 이렇게 받으시니 사십에 첫 버선갈고

일흔에 생남한것 갈고 팔십에 소첩보니 만큼 좋으시다

우리대감이 좋으시니 만큼 도와주마

재물늘여주고 곡간차고 인명늘여 도와주시마

우리대감이 이렇게 노시니 정말 좋으시다~~~

◉ 벼슬대감님 타령

덩덩덩기덩 덩기덩덩

어떤 대감이 내 대감이냐

어떤 대감이 내 대감이냐

욕심도 많은 내 대감~

탐심도 많으신 내 대감

상산대감도 내 대감

별상대감도 내 대감

육천전안 전안대감 신장대감도 내 대감이요

우리대감 거동을봐라

얼마나 좋은지 모르겠네

일상에 좋은 것 덩기덩덩

평생에 좋은 것 닐니리야

사철에 좋은 것 가기강강

양지머리 걸안주에 대양푼 갈비찜

소양푼 제육찜에 후두두 영계찜이요

각시루 부림에 왼시루떡반 이요

안고놀고 지고노시던 내대감이 좋으시다

얼마나 좋은지 모르겠네

높은산에 눈날리고요 낮은산에 재 날리고요

억수장마 비 퍼붓듯 대천바다에 물밀 듯이

염창목에는 배달듯이 재수사망을 섬겨주마

우리대감님 놀고나서 소원밀어 도와주시마

우리대감님 놀고나서 재수밀어 도와주시마

나라천 대주야 걱정을 말아 재수 열어주마

안당계주야 걱정을 말아 소원 열어주마
자손남매에 수명장수 학문장되게 도와주마

수단에 따라 재담 운운

◉ 몸주 직성대감님 공수

어~~굿자
나라천 대주 몸주대감 아니시리~~
안당계주의 직성대감 아니시랴
만조상의 제장대감 이시시리~~~
만인간의 여럽대감 왕래대감 아니시랴~~
뿌리대감 조상대감 아리시리
내대감이 화가나고 역정이나면
이놈도 잡아 흔들흔들 저놈도 잡아 능청능청
하시고 내대감이 기쁨이 좋으면 이래도 좋으시고
저래도 좋으시다 하시던 내대감 아니시리
우리대감이 금일정성 받으시고

부부간에도 시격없이 티격없이 도와주시마
집안으로 우환 가환 없이 보살펴
가족간에 화목하게 도와주시마~~~

◉ 몸주 대감님 타령

우리대감님 거동 봐라 우리대감님 거동 봐라
나라천 대주 몸주대감 안당기주의 직성대감
나갈적에 빈바리요 들어올제는 찬바리요
가는소망 이리오너라

들어오는 소망도 낚구어주시마~~~
얼시구 절시구 정말좋다 몸주대감도 내로구나
직성대감도 내로구나 누가들어 조종인가
내가들어 조종이지 산신조종 곤륜산이요
수지조종은 황하수요 양반조종은 운현대감
늙은이 조종은 태상노군 아이조정은 강림도령
문지조정은 남대문이요 다리조정은 노들다리

기생에 조정은 맨드리요　달이면 달마다 받으시냐

날이면 날마다 노으시냐　이때 안쓰고 언제쓰느냐

덩덩덩기덩 덩기덩덩

어 허허허~~~

이렇게 받으시니까 정말 좋으시다

우리대감님이 술을 받으시면 동이술로

받으시고 약주로 모욕을하고 고기로

양치질 하던 내대감인데 탁주 한잔을 없구려

계자 : 대감님 여기 차려 놓았습니다.

어 허허허~~~~~

내대감이 약주나 맛을 볼까?

술 타령을 부른다.

◉ 술 타령

우리대감 거동을 봐요　우리대감 거동을 봐요
어떤약주를 잡수시나　　어떤약주를 잡수시나
일년을 빚으면 일년주라　삼년을 빚으면 천일주라
혼자서 빚으면 걱정주라　둘이서 빚으며 합의주라
셋이서 빚으며 삼오주라　뚝떨어 졌다고 낙하주요
우려먹던 포도주라　　　만첩청산에 송엽주라
제갈량에는 국화주요　　도화점접 안주를 삼고
후루룩 잡숫던 내대감　　얼머나 좋으지 모르겠다
밝은달에 월명주로다　　얼씨구 절씨고 좋으시다
앞문 뒷문 쌍문추 비단　임을 그려서 상사문단
입기가 좋기는 제갈양요　하비단도 비단이구
나이롱 비단도 비단이요　각색비단은 어디다 두고
우리대감 옷은 없구나
어 허허허~~~~

수단에 따라 재담 운운

◉ 터 대감님 공수

어~~ 허허허

나는 누고시리

0씨가중 집터전으로

남터주는 여대감 아니시리

여터주는 남대감 아니신가

앞문전 하주대감 뒷문전에 수문장대감

패장대감 아니시랴

산나무 목신대감 죽은나무 고목대감 아니신가

안개도당 수풀대감 이시며

아침에 순력돌고 저녁에 월력돌던

순력대감 월력대감 수위시다

앞다리 선각에 뒷다리 후각에

큰 소는 허리찍어 받고

작은 돼지는 꼴지 찍어 받고

홍글레 씌워 받으시던 내대감 아니시랴

어~~허허허

소소하시고 양소하시다 ~~~~

하지만 월래를 생각하시고 장래를 보아

태산같이 받으시고 하해같이 받으시마

첩지대감 창봉대감 오방지신대감 터왕 터대감

수위에서 살아가도 궂은일 없게 도와주시고

우리대감님 놀고나서 재수밀어 도와주마

나라천 대주야 걱정을 말아 재수 열어주마

안당계주야 걱정을 말아 소원 열어주마

자손남매에 수명장수 학문장되게 도와주마

얼마나 좋은지 모르겠네

◉ 터 대감님 타령

덩덩덩기덩 덩기덩덩　　어떤 대감이 내 대감이냐

어떤 대감이 내 대감이냐

남터주 하고 여대감님　　여터주 하고　남대감님

수문장대감　패장대감　　우리대감 거동을봐라

얼마나 좋은지 모르겠네

낮이되면 어사를 돌고　　밤이면 순라를 도시던

어사대감 순라대감도　　내대감 이요~~~

덩덩덩기덩 덩기덩덩

야심삼경 불밝혀들고　　청사초롱 등장을잡고

어사돌던 내대감이요

금구렁이 서려들제~　　업족제비 안개를 필제

북어들새가 날아든다　　얼시구 쩔시고 좋으시다

좌청룡은 우백호로다　　청룡백호 내린줄기에

고대광실 높으집에　　명의명당 복의복당

만들어 도와를 주시마

억수장마 비 퍼붓듯 대천바다에 물밀 듯이

염창목에는 배닫듯이 재수사망을 섭겨주마

마무리 공수를 준다.

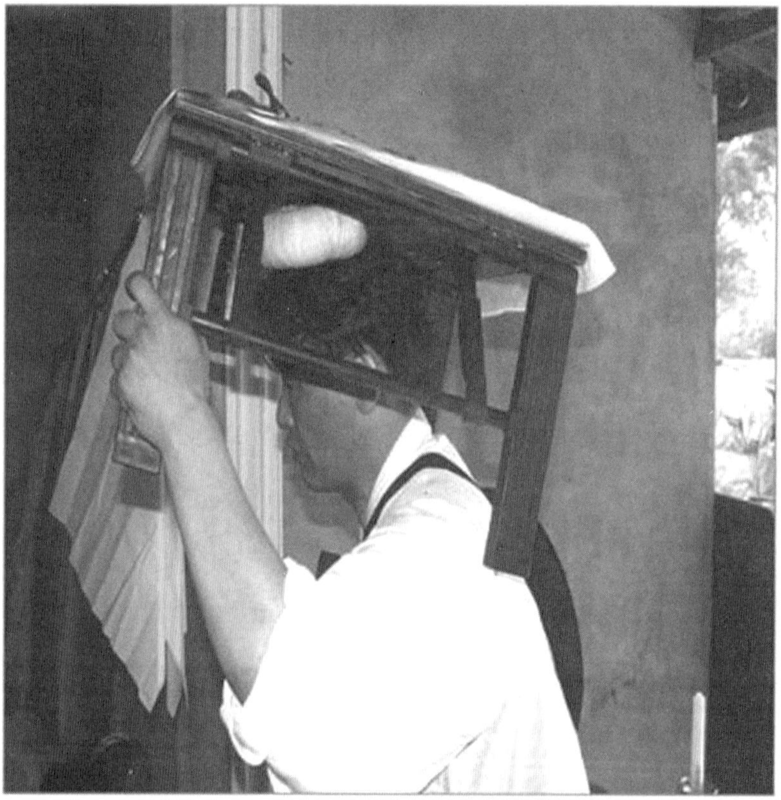

〈터 대감님 거리〉

무감 거리

무감 거리란 굿의 후반부인 대감님 거리가 끝나면 굿을 진행해온 계자님들 휴식시간도 마련하고 굿을 하는 제갓집 식구 중 또는 굿을 구경하는 사람들 중 흥이 많고 신명이 있는 사람이 나와 대감님 신복인 쾌자만 걸치고 무악에 춤을 추어 몸주 대감을 놀게 하는 거리이다.

요즈음 가정주부들은 여가 시간을 이용하여 취미생활도 하고 무도장이나 노래방 같은 곳에서 자기 자신의 신명이나 끼를 발산하여 만병의 원인인 스트레스를 해소 하지만 옛날 여인들은 마땅한 놀이문화가 없었고 여염집 아낙네가 노래를 하거나 춤을 추면 집안 망신이라 하여 금기 되어 왔기에 스트레스 또는 끼를 발산 할 수가 없었다. 무교는 그런 여인들의 마음을 헤아려 굿에 무감이란 순서를 만들어 여인들의 스트레스를 풀어주고 끼를 발산 할 수 있도록 했던 것이다. 그리함으로써 가정집 여인들도 굿이란 합법적인 방법을 통해 일상생활에서 금기하는 춤도 추고 약주도 한 잔하고 평상시 가족 또는 친척에게 하고 싶은 말도 몸주대감을 핑계 삼아 넋두리도 하며 부부지간에 앙금이나 고부간 갈등을 해소하기도 했다. 그래서 옛 속담에 '굿이 하고 싶어도 며느리 춤추는 모습 보기 싫어서 굿을 못 한다'는 말도 있다.

안당 불사님 거리

지금부터 하는 안당불사님 거리 및 성주님 거리는 우리 가정을 지켜주는 가정 수호신령님거리 이다.

우리 가정엔 집집마다 수호하는 신령님들이 다 있다. 가정을 수호해주는 신령님은 천신일 수도, 지신일 수도 있으며 가문의 조상님일 수도 있고 그 가정에서 숭배하는 종교적 절대자일 수도 있다. 우리민족은 그런 믿음이 있기에 과거에는 집집마다 안방 혹은 마루에 또는 주방에 수호신을 모시고 숭배하며 살아 왔으며 현재도 과거와 동일한 방식으로 신봉하는 가정이 있다. 그런가하면 비록 종교적 이념은 다른지만 기독교인은 예수님 십자가를, 천주교는 성모님 상을 가정에 모시고 예배 또는 기도를 하는 것 역시 가정의 화목과 안전을 위해서 노력하는 같은 맥락의 의식이라고 필자는 생각한다.

지금부터 진행하는 굿 순서는 가정의 수호신을 청배하여 가정의 화목과 안전을 기원하는 순서이다. 우리가정을 수호하는 신령님으로는 안당에 안당불사님, 마루에는 성주님, 부엌에는 조왕신 등이 있으며 가정에서 굿을 하지 않는 해에는 봄, 가을로 나누어 안택고사를 지낸다.

안당 불사님 거리는 한 가정의 모든 식구들을 수호하는 신령님으로 가정의 화목과 건강 그리고 자손 점지를 주관한다. 이 거리는 또 지역마다 호칭이 다양한데 서울지역은 '안당불사 또는 안당제석', 영남지방은 '세존거리 또는 천황거리'라 하고 또 다른 지역에서는 '삼신 할머니 거리' 등으로 호명한다.

안당 불사님 거리는 진오귀굿이나 도당굿에서는 거행하지 않는다. 집안에 사람이 사망하여 부정하고 슬픈데 무엇이 좋아서 안당 불사가 춤을 추고 노래를 하겠는가. 또한 도당굿은 동네굿이지 한 가정을 위한 굿이 아니므로 이 거리를 하지 않는다.

안당불사님은 이름에서 표출하듯이 불교적 색체가 강하며 유교적 의식이 많이 배양되어 있다. 대표적으로 『서사무가』에 수록된 〈당금애기씨〉를 소개 할까 한다.

"옛날 하늘나라에 시준이라는 옥황상제(한인제석)님의 신하가 있었다. 시준은 신이면서도 인간 세상을 너무 좋아하여 매일같이 상제님께 인간세상에서 살고 싶다고 간청 하였다. 옥황상제님은 한사코 시준의 청을 물리쳤으나 시준의 청이 너무나 간절하여 하는 수 없이 한 가지 단서를 붙이고 그 청을 들어주기로 하였다. 그것은 인간 세상에서 살되 십년 동안 혼자서 살아야 하며 만약 약속을 어길 때에는 다시 하늘나라로 와서 살아야 한다는 것이다. 시준은 그 약속을 꼭 지킬 것을 약속하고 인간 세상으로 내려왔다.

인간세상으로 내려온 시준이 스님으로 변장하고 세상을 구경하며 돌아다니는데, 한 고을에서 '당금애기'라는 처자의 자랑이 온 동네를 덮고 있었다. 얼굴도 보석처럼 아름답고 마음씨 또한 비단처럼 고운 처자라고 자랑이 이만 저만이 아니었던 것이다. 그 소문을 듣게 된 시준은 당금애기라는 처자가 너무도 보고 싶은 마음이 들어 방법을 모색하던 중에 마침 당금애기씨 집안 식구들이 당금애기씨만 남겨두고 며칠 동안 집을 비운다는 소릴 듣게 된다. 시준은 그 틈을 노려 당금애기씨 집으로 찾아가서 쌀을 시주할 것을 요청하는데 시준의 계략으로 시주자루 밑 부분이 터져있어 쌀이 모두 땅으로 떨어지고 말았다. 이에 놀란 당금애기씨가 땅에 떨어진 쌀을 다시 줍는데 어느새 날이 저물고 말았다. 시준은 당금애기씨에게 하루 밤 집에서 묵기를 청하여 그 집에서 하루를 묵게 되었는데 시준이 당금애기씨에게 잉태하게 하고 박씨 세 개를 주고 사라졌다.

당금애기씨는 임신한 사실이 가족들에게 발각되어 집에서 추방되고 우여곡절 끝에 아기를 낳는데 아들 세쌍둥이를 낳았다. 한편 시준은 옥황상제님과 한 약속을 지키지 못해서 다시 하늘나라로 올라와 별로 작은 암자에서 스님으로 영원히 살아야 했다.

어느 덧 장성한 아들들이 당금애기씨에게 아버지가 있는 곳을 물어보자 당금애기씨는 시준이 준 박씨를 주며 이 씨를 심어 그 줄기를 따라가면 너희 아버지를 만날 수 있으니 그렇게 하라고 일렀다. 아들들은 박씨를 심고 기다렸는데 어느새 싹이 트고 줄기가 나와 그 줄기를 따라 가보니 그 곳은 하늘나라였고 작은 암자가 있었으며 그 암자에 시준이 스님으로 있었다.

시준을 만난 자식들이 울면서 자초지경을 설명하고 부자지간 상봉을 하였는데, 시준은 후에 천황중상님이 되고 당금애기씨는 안당불사님(삼신할머니)이 되었다.”

위의 내용처럼 시준과 당금애기씨의 연분을 이어준 쌀을 바가지

또는 백 항아리에 넣어 안방의 가장 높은 곳에 모시는데 이를 '불사 단지'라 한다.

안당불사님 제상은 제갓집에서 굿을 할 경우는 안방에 과일, 백설기 세 시루, 삼색나물, 부침두부, 유과, 밤, 대추, 종이로 만든 고깔, 생미, 튀각, 청실·홍실, 대추차 등으로 제상을 만들고, 굿청에서 할 경우에는 천궁상하고 함께 사용한다.

안당불사님 신복은 백치마를 속치마로 입고, 그 위에 홍색대란치마를 입고, 회색장삼을 입고, 회색 고깔을 쓰고 거성하여 공수를 준다.

〈불사 거리〉

◉ 안당 불사님 만수받이

아 불사~ 아 불사~
청궁불사 청궁불사 / 일월불사 일월불사
성신불사 성신불사 / 사해로는 사해로는
용궁불사 용궁불사 / 돌아외서 돌아외서
일월광명 일월광명 / 서겨외서 서겨외서
하산명월 하산명월 / 일광월광 일광월광
양일광에 양일광에 / 빛이워서 빛이워서
일광불사 일광불사 / 월광불사 월광불사
억만미륵 억만미륵 / 팔만성군 팔만성군
구만불사 구만불사 / 석가여래 석가여래
세존불사 세존불사 / 삼천진중 삼천진중
육천진중 육천진중 / 전안불사 전안불사
00가중 00가중 / 00기주 00기주
양두편에 양두편에 / 외주따라 외주따라
오신불사 오신불사 / 친주따라 친주따라
오신불사 오신불사 / 안당안에 안당안에

안당불사 안당불사 / 신에불사 신에불사

불이불사 불이불사 / 과천이라 과천이라

관악산요 관악산요 / 염불암은 염불암은

연주대요 연주대요 / 열여섯분 열여섯분

나한불사 나한불사 / 하외받아 하외받아

내리소사 내리소사 / 비린것도 비린것도

마다시고 마다시고 / 누린것도 누린것도

싫다시고 싫다시고 / 황토배설 황토배설

하옵시고 하옵시고 / 부정한이 부정한이

들올세라 들올세라 / 정한인간 정한인간

나갈세라 나갈세라 / 살피시던 살피시던

불사님네 불사님네 / 이정성에 이정성에

소원성취 소원성취 / 도우소사 도우소사

0氏가중 0氏가중 / 짧은명을 짧은명을

이으시고 이으시고 / 긴명들은 긴명들은

서리어서 서리어서 / 삼천갑자 삼천갑자

동방삭이 동방삭이 / 명도타고 명도타고

명을주어 명을주어 / 기른듯이 기른듯이

복을주고 복을주고 / 기른듯이 기른듯이

수명장수 수명장수 / 도우소사 도우소사

하위받아 하위받아 / 들으시고 들으시고

이정성에 이정성에 / 심중소원 심중소원

도우소사 도우소사

노시고나요 아~~불사

◉ 1차 공수

어~굿자

불사님 수위시라~~

억만미륵 팔만성군 구만불사 수위시고

석가여래 세존불사님 수위시라~

청궁불사 일월불사님 아니시가

일월은 성신불사 아니시리~~

백옥남산 산신불사님 수위시고

사해내려 용궁불사님 아니시라~

해가돋아 일광불사

달이빛추어 월광불사님 아니시라~~

햇상년 연으로는 기우시면 00년 이라

달삭과존위로 기우시면 00월 아니시리

날로지공수로는 기우시면 00일 공사라

00가중 00기주님 아니시리

원앙은 쌍을 지어

백년동락 사옵는 가중이라

00가중으로 양위님 좌우정성 기우실데

대문 전 향토배설하고

정한사람 나갈세라 부정한사람 들어올세라

인증배설하고 인간기우를 청결히 하고

복도빌리 정성에

명도빌리 정성 아니시랴~~

우리 불사님 수위에서 이 정성 받고

감응 감동하여 정성 덕입히여

가지로상덕 입게 도와주시마~~

얼수나

춤을 다시 춘다.

◉ 2차 공수

어~~굿자

0씨가중 0씨기주님 아니시라~

외주 따라오신 불사님

친주따라 오신 불사님 아니시리

여불사는 남불사님 아니시리~

처사불사 보살불사 아니시랴

안에 안당불사님 수위에서

좌우정성 굽어보시니

겸사많은 정성에 우렵 많은 정성이라~~

우리가중이 어떤한던 가중인가

선대로부터 부리도 유궁하고

신위도 가득하고 가문에 필덕에 좋은 슬하에

이태말미 삼년시력에 굿 주어 마다고

않이 하는 가중이라

봄이면 가을 기다리고 가을이면 봄을

바라시고 춘추양덕 으로 바라셨다

00가중 00안당은 기주님야

부정한 일이 많아 구나

알구도 지은죄은 모르고 지은죄가 많아구냐~~

죄를 풀어 벌을 줄까 벌을 풀어 상을 줄까.

공수를 더 주고 춤을 춘다.

◉ 3차 공수

어~~굿자

삼천은 진중이라

육천전에 전안불사님 아니시리~

신위불사는 불리불사라

외길불사는 불린불사 아니시리~

00가중 00기주님아~~~

반갑고도 귀여우시다 귀엽고도 반가우시다

오늘날 이정성 힘많이들고 애많이썼구나

금일 이정성 무슨나은 정성이리~~

세존불사 천궁불사 일월불사 용왕불사

외주따라 오신불사 친주따라 오신불사님들

하위받자는 정성아니시리

정안불사님 수의에서 합의 받으시고

이정성을 천존맞이 일월맞이 샛별맞이

신사맞이로 받으시고

00가중으로 소원성취 도와주시라 정성이니

정성덕 입히어 소원 열어 주시마 ~~

◉ 불사 노래가락

그늘이 높소와 은하귀야 주원이다

천추야 천추로다

칠성불사님 천추로다 설명도 가사오나

떠날는가 불사제석님 오시는길에 은하수로

다리를 놓소 바람과 구름광풍

안개설풍에 섞여오소 불사님 나리신 자취를

인간이 몰라 불사제석 잡으신 잔에

후추삼잔 이슬맺소 후추차 대추차요

황률차로만 이슬맺소 월강에 수 없는 잔은

스스라고 신에하위 하소니다 00씨가중

불사님 하외님 조차 하위오나 칠성불사님

하위라고 하위야 서 천명월이 하월는가

부귀공멸 빌러를왔소 00씨대주 벼슬공명

벼슬도 공명이오나 나라님 안전에 벼슬이로다

마노라 벼슬 공명을 다도울까

정성덕을 입혀주소사

부모자손이 환국덕요 환국에 덕이오나

정성마다 덕이라고 마노라 지원상덕을

다입힐까

◉ 천왕 거리

수천왕 대천왕 천궁천왕 일월천왕이라

중천왕 보살천왕 신중천왕 아니시랴

좌우정성 받으시고 낮이면 물맑게

해주시고 밤이면 불밝혀 수화천명을 갈이밝혀

조약돌에 거침없고 비단수결같고 양류수

물결같이 도와주시고 정성덕입혀 주시마

◉ 중상 거리

바라를 든 채 한바퀴 돌아 반배로 절을 한 후 제담조로,

나무아미타불 소승문안드리오
중이라니 지나가는 돌중으로 알지마오
거리노중 울넘어 팽개중도 아니고 접시밑에 할타중
야반삼경 아니고 무웅대사 나웅대사
삼천은 진미라 육천은 전안에 옥천대사 아리시리
서산대사 사명당 육관대사 성진대사 도사중이 내려왔오
우리중상이 이가중 남녀자손들 명이어 도와주시고
수이어 도와주시마 우리천황 중상님이 내려오실적에
수명장수 바라시주 내려왔오~~~

◉ 중상 타령

나무아미타불 나무아미타불
어떤중상이 내려왔오
황악산에 황금중상 청악산에 청금중상
검고도 얽근중상 누르고도 푸른중상

우리중상 거동을봐라 세모시 고깔 숙여쓰고
팔대장삼을 걸쳐입고 금란가사를 두루쳐메고
백팔염주 목에걸고 서발단주 손에걸고
길넘는 육환장을 백운간에 높이들고
죽비경쇠를 울리면서 바라시주를 내려왔오
나무아미타불 삼각산 내리줄기 비봉바위를
때려내어 높다랗게 절을 지을제 이리열칸 저리열칸
열에열칸 지어놓고 높은데는 법당이오 얕은데는
암자짓고 금부처 옥부처님 삼불부처를 모셔놓고
초일곱에 어리다고 열에일곱 어승삭발 하셨구나
낮이되면 염불공부 밤이면은 수덕설법
탁발시주라고 돌으실제 아침시주 돌아다가
저녁불공 올리시고 저녁시주 돌아다가
아침불공을 올리시니 일푼도 동참은 가이시주요
나무아미타불 바라를사오 바라를사오
명바라에 복바라 사가시오 높이떴다 대바라요
얕이떴다 소바라요 이바라 시주를 하시면은
옥동같은 귀남자요 반달같은 따님애기

없는자손 점지하고있는 애기 수명장수

강태공에 명을주어 선팔십 후팔십 늘여주고

석숭에 복을주어 무쇠목숨 돌끈달아

바위목숨 쇠끈달아 자손창성 부귀공명

만대유전 늘여줄제 나무아미타불

삼색실과를 받으실제 깊은 산중 머루다래

청실래는 황실래요 왕밤대추 세실과 가제격이요

이바라시주를 사가실제 많이사시면

서말서되 적게사시면 서되서홉 빈자일등도 공덕이로세

주줄이 쌍바라를 사오 양바라시주만 사가시오

나무아미타불 석교상 봄바람에 육관대사

제자 성진화상은 팔선녀를 보고 합장배려를

하는구나 백설같은 흰나비는 너울너울 춤을추며

백운간으로 왕래를 하고 황금같은 꾀꼬리는

양류청산으로 날아든다 은바라 금바라 시주를 내려왔오

나무아미타불

중상타령을 하여 마친 후에 제금으로 자진장단을 치면서 불사상에 반배를 올리고 서서 염불을 한다.(염송)

나무아미타불 나무아미타불 삼십삼천 이십팔숙 제불제천

일광보살 월광보살 일쇄동반결도량 이쇄남방 득청량

삼쇄서방구정토 사쇄북방영안강 나무아미타불

우리 증상님이 바라시주를 하여 자손남매

엮으러 가더라도 수명장수 발언하여주마

자진장단을 치면서 밤·대추로 산을 주는데 홀수는 다시 담아 던지고 짝수는 산이 맞는다.

일광불사 산이요 월광불사 산이요

일광월광 양일광에 천황재석 안당불사

부모자손 명산 복산 받으소사

성주님 거리 (성주풀이)

설화를 보면 성주신은 천궁대왕과 옥진부인 사이에서 태어났고 인간 세상으로 내려와서 인간에게 집을 짓는 방법을 알려주어 사람들은 그분을 성주신으로 모시기 시작 했다고 한다.

성주신은 가신으로 그 가정을 총괄적으로 책임지고 있는 신령님으로 가정을 수호하는 신령님 이다. 가신은 조왕신을 비롯하여 오방지신, 터주왕신, 화덕장군, 굴대장군 등 팔신이 있으며, 그 중에서도 성주신은 가장 중요하고 최고의 신령님으로 집안의 길흉화복을 주관한다. 그래서 가족들의 행복을 기원하고 가정의 액살을 소멸하기 위해서 하는 거리이다. 앞에서 했던 안당불사거리가 가정주부를 수호하는 신이라면 성주님은 집안의 가장을 즉 아버지를 수호하는 신령님이다.

성주님이 계신 곳도 가옥의 상량(上樑)을 떠받들고 있으며 보통으로 하는 굿의 경우에는 흘림성주라 하여 한 거리 노는 것으로 대신하기도 하지만 새롭게 집을 장만 하거나 건축할 때 집터를 고르고 난 후에 정식으로 성주신을 모시고 성주굿 또는 성주맞이굿을 하면서 황제풀이를 정식으로 한다. 이렇게 성주맞이굿을 하는 이유는 새집의 동법이나 나쁜 기운을 소멸하고 복을 기원하기 위해서이다.

가신님들을 위해서 하는 고사를 구분하고 설명하도록 하겠다. 고사는 '터고사'와 '안택고사'로 구분할 수 있다. 먼저 '안택고사'는 성주신과 안당불사님 위주로 가옥 안에 계시는 분들 위주로 즉 집안을 지켜주시는 신령님들께 의식을 올리는 것으로 제상을 마루에 차리고 안방에는 안당불사 상을 차리고 제를 올린다. 반면 '터고사'는 마당에 제상을 차리고, 터대감을 위시하여 문전대감님들을 모시고 제를 거행한다.

여기서 우리 계자들의 잘못된 상식 하나 설명 하도록 하겠다. 고사를 지내면 의례적으로 돼지머리를 올린다. 머리는 서낭님이 받으시지 대감님이나 성주님이 받으시지 않는다. 머리 대신 돼지고기를 삶아서 올리면 된다. 무교의식에서 돼지고기를 올리는 연유는 돼지를 양육할 때 집안의 음식 잔여물 및 오물을 먹고 성장하여 우리에게 양식이 되어주기 때문에 집안의 안 좋은 기운을 소멸하고 운을 달라는 뜻이다.

또한 고사상에 북어를 올린다. 고사를 다 지내고나면 북어를 집안 입구 높은 곳에 걸어 놓는다. 북어를 집에 걸어놓는 이유는 다음과 같다. 원래는 집안에 잡귀·잡신의 침입을 막기 위해서 엄나무를 걸어 놓았다고 한다. 엄나무의 가시와 북어 이빨이 닮아 잡귀·잡신 침입을 방지하고 물고기는 잠을 잘 때도 두 눈을 뜨고 잔다고 하여 집안을 밤낮으로 지켜주길 기원하기 위해서 북어를 현관에 걸어놓는 것이다.

성주님 제상은 쌀말에 쌀을 부은 뒤, 창호지로 덮고 그 위에 팥시루 한 개 올리고 맑은술 세잔과 초 한 쌍을 올린다.

성주님 신복은 흰색 속치마를 입고, 그 위에 남색치마를 입고, 상의는 홍철릭을 입고, 머리에는 홍립(빗갓)을 쓰고, 오른손에는 부채를 들고 왼손에는 북어와 돈을 넣은 소지를 함께 들고 거성하여 춤을 추고 공수를 준다.

◉ 성주님 1차 공수

어 굿자~~
화랑전 오신군웅 아니시리
살살받어 오신군웅 아니시랴
가로백이 흑각받어 오신군웅 아니시랴
우마군웅은 백마왕신이라
좌우정성 굽어보니 애 많이 쓴 정성에
힘 많이 들린 많은 정성이라
봄이 되면 꽃맞이로 받고
가을이면 신곡 햇곡 맞이로 받고
춘추양덕으로 봐던 신령님 아리시리
금일 정성 태산같이 받으시고 나라천 대주
공명 있게 도와주시마

◉ 성주님 2차 공수

어 굿자~~

업성주 마누라 복성주 마누라 아니시랴

와가성주는 대가성주 아니시리

성주차지 대주고 지신차지 기주고 안당차지는

슬하자손 아니시랴

성주가 산란하면 대주가 산란하구

지신이 발동하면 기주가 산란한 법이다

좌청룡 우백호 청룡백호 내린줄기 명당을

터를 잡아 천년지덕 눌러 앉으시다

초년성주는 스물일곱 이년성주는 서른일곱

마흔일곱 유년성주시며 쉰일곱 노제성주 아니시랴

아홉아들 한딸애기 일곱손주 삼부인마노라

거느리고 낮이면 햇잎을 마다시고

밤이면 찬이슬을 마다시고

처마마다 기우시던 성주신령 아니시랴

0씨가중이 성주님 그늘에 살아가도

세월이 분분하고 불같은 시절이 돌아가도

삼재팔란 물리시고 화적에 수적도 물리치어

와가를 이루고 대가성취하게 받어 주시마~~~

◉ 성주님 3차 공수

어 굿자~~~

해떠왕신 달떠왕신 아니시리

밀물왕신 썰물왕신 아니시랴

물건너 화주당 매대왕신 아니신가

양화도 덜머리 금성왕신 이라

험란한 세월에 불같은 시절이 돌아가도

물액도 대액도 없이 도와주시고 재수도 열어주시고

이터전 이만전 에서 늘여주고 불어나게 도와를 주시마

팔만조왕은 화덕장군 아니시라

둑장군 둑부인 마누라 수위가 아니시랴

전기에 누전없이 가스에 폭발없이

화재수도 부세주 젖혀 주시고

도둑 손재수 없이 도와를 주시마~~

잔을 내린다.

잔 가득히 명 주시마

잔 가득히 복 주시마

명잔 복잔 나리시마

◉ 성주 노래가락

태산이 높소건만 하늘아래 뫼이로다 수이라 깊소 건마만

동해바다가 해수로다 마누라 영겁수위를 깊이몰라 외철쭉

상가지꺽어 성주왕신 갓에꽂아 앞으로 숙어쓰나 뒤로젖혀

잦일소냐 상궁이 무관식하니 만만세 성주왕신 오신는길에

가야금줄 다릴놓소 가야금줄 열두줄이니 어느줄로나

내려를오소 줄아래 덩기덩 소리 노니시고 성주왕신

잡으신잔에 잔에잔마다 이슬이 맺소 그잔 저잔이오나

지성이라고 드시옵소 쌍비오리 일광에 수없는 잔도

잡수시고 신에 하위하소니다

0씨가중 성주님 하위 재수에 소망 요나 장안 성밖에

재수소망 정성덕을 입혀를 주오

황제풀이

춤으로 어지러워진 제장(祭場)을 정리하고 조금 쉬어서 밤이 되기를 기다려 어두워지면 황제풀이 과정으로 들어간다.

굿상 앞에서 신당을 향해 새로 황제상을 차린다. 작은 소반에 떡 한접시, 막걸리 세잔을 부어놓고 촛불 두 개를 켠다. 무가 황제상 앞에 앉아 장고를 치며 황제풀이 무가를 구송(口誦)한다. 이 때 장고 앞전 줄에 백지 한 장을 접어서 건다. 12명의 화주들은 무가가 구송되는 동안 무를 향해서 빙 둘러 앉아 있다.

황제풀이는 신이 처음으로 인간에게 집짓는 법을 마련해 주고 복을 점지해 준 그 과정을 서술하여 제액초복을 기원하는 것이다.

청요리라 황요리라　적제월신 가신황제
정제월신 가신황제　정제로다 적제로다
밤여섯씨 낫일곱씨　유흔여섯 사실요황
팔만황제가 대활여로　노류소사
00가중에 지난으로　아침건지 입쌀건지
저녁 건지는 좁쌀건지　건지둔지 양건지를
수북분대 넘쳐붓고　넘쳐분대 훌여부어

주실황제가 대활여로 노루소사

00중에서 지난으로 누가들어 웃뜸인가

성주대감이 으뜸일세 초년성주 三七

이년성주四七 와가성주五七

대가성주六七 노세성주七七

업성주며 복성주며 외가집은 와가성주

초가집은 복가성주 성주로는 대집장에

펴군장군에 사살군능이 대활여로 노루소사

성주대도감 본을풀면 거어대가 본이신가

안동중천 재애원요 재주하고 할라산이

본이로다

00가중에 지딘으로 와가이룩 허실라고

대가성불 허실라고 엠평멋평떠나 제주도

할라산을 드러가서 이산저산 넘나들며

대산에가 대솔씨 소산에가 소설씨며

암솔씨며 숫솔씨며 섭솔씨를 바다내여

제장보살이 걸머지고 용문산 깊이

올라가서 섭솔씨를 뿌리드니 그솔씨가

자라날제 산신령이 술력을돌고 사해용왕이
물을 주어 산신토신이 갖궈낼제 밤이며는
싹시나리 소복솔이 되였구나 이삼년을
자라드니 소보등이 되였구나 사오십년을
자라드니 대보등이 되였구나 천장만장
자랐구나 일천가지가 애렀구나 수천입이
피었구나 중창목이 되였구나 황장목이
되였구나 두러목이 대연후에 00가중
지난으로 와가이룩 하실랴고 대가성불
하실랴고 어수만명 대장사들아
한성에가 공문내고 갑영에가 소지맞터
용문산에 올라가서 벌목이나 헐야헐제
고사정성 없을쓰냐 세말세되 찰시루에
왼소머리 사지감고 술밥술에 국이떠고
삼색실과 못두부에 황초함쌈 달려놓고
소지삼장 올린후에 부향재배 축원할제
비나이다 비나이다 산신령님젼 비나이다
토신님께 비나이다 크나하온 장신명산

들어와서 벌목을 할지라도 뉘도탈도
보지말고 인명하나 삼치않케 도와주시기를
비나이다. 고사정성 마친후에 서른세명
역군임내 거동보소 은도자면 금도자을
들게가러 들려매고 등을울여 서를찟고
남을울여 북을찟고 사도팔방 찟어노니
거침없이 비였구나 양끌잘러 활대치고
군두구먹 뚜렸구나 왕산에가 칙을끈어
수만발을 꾀아내여 이리얼고 저리얼거
튼튼하게 얼겄구나 높은대는 방아쇠로
궁굴려라 평지에는 무줄을 대여 이쓰러라
양구양천 흘으는물에 영천강이 떼였구나
압물에는 홍신기요 뒷물에는 흑신기요
한가운데 황신기를 둥두려서 꽂아놓고
왼돗잡어 받쳐놓고 조밥지어 흣튼후에
고사바다 대활여도 노루소사 이물에는
이사공아 고물에는 고사공아 앞물에는
앞사공아 뒷물에는 뒷사공아 허리간에는

허사공아 한가운데 도사공아 황아레비
황장들아 물대가 거동보소 손을치며
왜치는말이 쁘대쁘뒤 조심합소
앞사공아 돗달아라 뒷사공아 떼띄여라
북을달고 등등치며 여보사로 화답아서
해미는 잔잔하고 광풍 뒤리쳐불고
홀비어우에 추푸강허니 망경청파에
배때여라 기격청춘 어사와허니
장안기상 시건설리라 때떼여라 때데여라
상산을 발닥 청천이요
이수중군 능나도라 망강픙월 소귀산하니
과낙일송 산수로다 천귀함쌍 양픙기하니
흥노야변에 배로주라 이태백이하고 노든달은
애미산이 발아온다 이태백이 기격청춘하니
누가놀자 발가는야 낮이면은 다줄을감고
밤이면은 다줄을풀어 명지바람 집순픙에
흘이주에 내려갈제 십년강을 다다러서
공문갓다 벤연후에 수세자비 집어주고

방수맛타 내려갈제 벙어리 여우를 지났구나
둥둘소를 흘이주어 안으역에 증아하고
세치여을 지났구나 흠할씨고 고갈여을
안반여을 지났구나 웃태대고 숙소하고
소라구비 돌아들러 선천내를 지났구나
자선앞을 넌짓지나 청평대를 다다러서
수세청에 증아하고 때여내러 썩나니스
두러올사 황공탄은 불광증에 흠탕이다
화장청장은 고사바다 대활여로 노루소사
기여울을 흘이즈어 매바위를 지났구나
좁은못을 넛칫지나 용건강을 다다러서
유정탄을 도라드니 여수강이 합수로다
매주바위 지났구나 두미내을 얼른지나
보안역에 증아하고 남한산성 바라보고
배탱이를 지났구나 평구내를 흘이즈어
광나무를 지났구나 송파강을 얼른지나
문둥섬에 떼를노코 하주당에 고사하고
흘이즈어 한강을 지났구나 세봉구을

흘이즈어 동적강을 지났구나 노들다리에
중아하고 용산강을 얼른지나 공댁에다
대여놋고 나무를 뒤로올제 엔갓우마를
다물너라 어떤우마를 내려오든고 잡아잿겼다
짝박뿌리 우것다고 우거뿌리 불빛갈은 황여소
거부갈은 검정소 네눈백이 별백이며
아룩달룩 바둑소 보기좋은 황소이며
꽁치없는 동경소 이런우마를 다내려다놓고
대마차는 대브등싣고 소마차는 소브등실려
이랴땅땅 모라올제 옘병정을 얼른지나
삼묘앞을 닥처나나 그가기서 워하야
약주삼잔 올린후에 거기서 꾀내다러
서울역을 지났구나 남대문을 들어스니
좌우에 만인들은 좋다고 왜치는 소잠도타
조말좋다 그냥구로 집을지면 자손창성
부귀공명 만대유전 부자장자 그부일부 데시리라
하는 소리 00대주 없는신명
절로난다 이랴땅땅 몰아올제 광춘교를

지났구나 구리게를 얼른지나 종로네거리

와서보니 인경전이 더욱좋다 잠만시여

구경하고 00가중에 드러와서 재목을

부러놓고 이집도 좋지만은 명당터를 잡아보자

집이적어서 못쓰건 집을한번

크게질대 산지조종 그늘능인대

팔도명산 굽어보자

함경도라 백두산는 두만강이 들러있고

강원도라 금강산은 소양강이 들러있고

경상도라 태백산은 낙동강이 들러있고

전라도라 지리산은 세류강이 들러있고

충청도라 계룡산은 금강이 들러있고

평안도라 자모산은 대동강이 들러있고

황해도라 구월산은 상지강이 들러있고

개성이라 송악산은 임진강이 들러있고

경기도라 삼각산은 한강이 들러있고

삼각산이 떨어졌다 인왕산이 되어있고

북악산이 기봉하데 학의등에 터를닦아

속남산이 안산이요 등구재가 백호테고
왕십리가 청용이과 한강은 조수되고
동적장이 수길막어 천봉은 금상이요
금상은 천봉이라 뒤로는 노적봉에
거북봉이 흘렀구나 앞으로는 일산봉에
가마봉이 떠들어올라 수천지라 수천지라
억만산천 무궁일세 도사에가 비게내고
세을뛰고 안을보니 주산좋고 안산좋다
좌좌오향 건득수에 간저고향이 더욱좋다
앞뜰에는 별명당이요 뒤뜰에는 나비명당
제일명당이 여기로다
이런터에 집을지면 자손창성 부귀공영
만대유전 부자장자 그부일부 되시겠네
아들을나면 효자둥이 따님을나면 열녀둥이
나라에는 충신둥이 부모에게 효자둥이
친족간에 화목둥이 형제간에 위애둥이
동네간에 으리둥이 나실터로구나
집터를 모아보세 강남은 형세있어

놋세가레 놋줄을 다렷건만 우리나라는

형세가 부족하야 시우세가레 집동아줄을

아주튼들이 달아놓고 아래동네 문언임내

웃동내 적군임내 집터를 모아주소

집터를 모을적에 술에 떼에만이먹고

집터를 모는구나 높은대떠서 집픈대미고

얏은대떠서 구분대미고 평지평지를 다듬어놓고

지경을 다저보세 강남은 강달구요

우리나라는 은달구를 튼튼하게 하여들고

지경을 다질적에 적님내 거동보소

술에 떡에 많이먹고 없던홍을 돌아가며

삼동허리를 굽일면서 꼬추상투 끄덕이며

구정물통에 호박씨놀듯 굽실굽실 잘도닥네

어여러차 지경이요

동편당는 적군님네 이내말을 드러보소

봉황한쌍 물혔으니 봉황에 머리다칠세라

가만히 살짝궁 다저주소 어여라차 지경이요

남편당는 적군님내 이내말을 들업조

청학한쌍이 묻혔으니 청학에 머리 다칠세라

가만히 가만히 이내말씀 들어보소

백학 한쌍이 묻혔으니 백학에머리 다칠새라

가만히 살자궁 다저주소

어여라차 지결이요

북편당배 적군님내 이내딸씀 들어보소

업족재비 한쌍이 묻혔으니 조재비머리

다칠새라 가만히가만히 다저주소 어여라차

지경이요 복판을 닦는 적군님대 이내말씀

드러보소 금두꺼비 한방이 묻혔으니

두꺼비머리 다칠새라 가만히 살자궁

다저주소 어여라치 지경이요 지경이요

다진후에 치목이나 해여보세 어던지위

불렀더냐 일등목수 불르적에 이, 김, 최, 안, 증, 정

육성바지 지위를 둬더노고 연장이나

두고보자 대자귀 소자귀며 대톱이며

중통이 라 소톱시톱 들어있오 대대폐며

중대패라 소대패고대패 들어있고 대끌 중끌

소끌이며 대마치며 소마치 라 대찍게
소찍게 들어이고 대촉 중촉 소촉이며
먹통먹자 다즈러쓰니 면장이 더욱좋다
침묵이나 하여보세 자진나무 잣다듬고
구분나무 굽다듬어 팔모재비 팔모치고
육모재비 육모치고 네모배기 네모처서
맵시있게 다듬어놓고 줏추를 뒤러보자
대석산에 들어가서 대부석을 때려내고
소부석을 때려네며 일등석수쟁이 불러뒤려
주추를 다듬을재 둥글둥글 흐박주추
네모번듯 안반주추 아아런주추 배옥주추
팔모재비 팔모치고 육모재비 육모치고
네모배기 네모치고 지대석까지 다듬어서
우걱지걱 시러다가 명당터에 부려놓고
주추를 다노와보세 상주추를 늘어놓고
중추추도 늘어놓고 퇴주추 꼬리주추
화주추까지 내려놋코 상기둥시구 중기둥시구
꼬리기둥시고 퇴기둥까지 시여놋코 상낭이다

하여보세 상낭보를 언질적에 기구없이

언지며 고사없이 언질소야 명도명백

필걸어놓고 광목도 수십통 얹어놓고

돈도 수천만원 얹어놓고 고사정성 바쳐놓고

삼색실과 버려놓고 약주삼잔 따라놓고

소지삼장 올린후에 북향재배 축원할재

비나이다 비나이다 성주님께 비나이다

지신님게 비나이다 이집짓고 삼년안에

부자장자 하옵시고 자손창성 부귀공명

만대유전 하옵시고 아들을 나시면 대대효자가

되시게 하여주시옵고 따님을 나으시면

열녀가나게 하여주시옵고 축원발원 비나이다

고사정성 마친후에 상낭을 얹어보자

우에서는 당기여라 밑에서는 올여밀고

거침없이 을렸구나 상낭보를 쳐다보니

모년모월모일 입주상낭이 더욱좋다 상낭보를

언진후에 도리를 처라 중방을치고 섯가레 걸고

산자언고 평구대 두루구 새우바다

개와를 다릴적에 어떤 개와를 디리더냐

아룡개와 재룡개와 청개와 홍개와

이런개와 디려놓고 일등개와 쟁이불러들여

개와를 이을적에 안개와는 잣처놓고

숫개와는 업어놓고 차곡차곡 빈틀없이

맵시있게 이였구나 중방을 디려라

에를얼고 흙벽치고 밧벽치고 중깃을치고

방고레켜서 방을놓고 천벽을 치고

새벽을 하고나니 토신황제가 대활여로

놀으소사 마루를노아보세 긴마루며 장마루며

네모번듯 운물마주 조각조각 조게마주를

놓고나니 귀틀장군이 대활여로 놀으소사

문치장을 하여보세 내외분합 밀창이며

기루다지 들창이며 국화새김 완자창에

덧문중문이 더욱좋다 열두행랑 줄행랑에

고증대문이 더욱좋다도 배수장 하여보세

백능화로 도배하고 청능화로 띠를 띄고

당오지로 굽도리하고 소라반자 각장장판

맵시있게 하였구나 다락벽장 바라보니

어병성유 상효필동 붙였구나

안방문위를 바라보니 부모에 천년수를

수여산으로 붙였구나 건넌방문위를 바라보니

자손창성 부귀공명 괴봉산을 붙였구나

산기둥을 바라보니 번득삼신단 불노초로

배현고당 백발건에 호남동서 남북제요

춘하추동 사시절이라 천중세월 인중수요

춘만곤곤 복만가라 태평오당 역당이오

풍특삼만니 이오당이라 기궁마다 붙였구나

부엌문을 바라보니 반출고문에 행백목이라

청성성수 송첩생이라 중문위를 바라보니

개무허니 만복내요

주치허니 황금축이라 큰대문을 바라보니

국태민안 가급을 붙였구나 사람문을

바라보니 울지경덕 진숙부를 도화서에

그려내여 추도문전에 승부저를 문우에

가루붙였구나 서화부벽 입춘서는 만고재상

솜씨로다 동벽을 바라보니 진처사
도연명에 평택영마 미다하고 추강에
배를띄고 청풍명월 흘이즈어 심양으로
가는양을 영역히도 그려놓고 남벽을
바라보니 강태공을 그려내여 생견팔십
곤곤하며 위수변에 곧은낙서대 물우에
당거놓고 주문왕 오기를 기두리는
형상을 분명하게도 그려붙였구나
서벽을 바라보니 한중실 유현덕이
적토마를 바삐몰아 나향춘풍설중에
와룡선생 뵈이려고 지성으로 가는모양을
영역히도 그려내여 보기좋게 붙였구나
집치장을 맵시있게 한후에 집간수를
둘러보자 안방은 삼간이요
건는방은 상칸이요 책방은
이간이요 골방은 간반이요
마루가 육간이요 광이여러간이며
부엌이 삼간이요 도합 삼십간을

지였구나 행랑은 열두행랑에 치레좋고
맵시있게 지였구나 집을둘러보니 굴도리에
설나춘여 부연을 달았구나 네귀에다
풍경달아 동남풍이 건듯부니 풍경소리
더욱 좋다 모양좋고 집도큰대 집이비여
못쓰겠다 세간을 뿌려보자 어떤세간을
뿌렸든가 방세간먼저보세 용장봉장금장귓도지
자게함농반다지 삼층장 이층장
이불장 머릿장 왜경대 객교스리며
선단이불 공단요 공단이불 석단요
침실퇴침 자개침 안석버게까지 놓았구나
샛별같은 놋요강에 유경타구까지 가득소북하게
놓였구나 세간은있건마은 세간이비였으니
비단을부려보세 서가여레 상백척번듯돋아
이광단 애경노꽃소단 꾸부렁 꿈적말굽
장단 서부렁섭책 새발장단 해돋아일광단
달돋아월광단 꾸부렁덩 꾸부렁덩 용문단
뭉게뭉게 구름단 가무럿다 하포단

장마젓다 수피단 비를놓아 조게문단

광채좋다 별문단 문박그등가겨루 공단이며

궁초며 모초단 고단묘단 공능단에

절문이가 잡다팔낭주 노인이 랄다 노방주

스아끈며 삼팔주 천월명주 물명주

대천바라 수이사 용을그려 대무사

구름놓아 운무사 꽃을놓아 화문사

까지들었구나 해주모시 당모시

한산사 가는모시 전라도에 세모시

소북가득 들었구나 길주명천 가는배

경산도 안동포 한조포며 쪽조포

랑당포며 문포까지 들었구나 가진비단

가진포목 불어서 주실황제 대활에로

노루소사 마루세간

플어보세

삼층택자 이층찬장

귀목귀도지 맵씨있게도

쌍쌍이 놓였구나

되주우이를 살펴보니
용춤봉춤 춤항아리 쌍을지어 놓았구나
용을그린 백항아리 세색포게 놓았구나
청유리병에 황유리병에 벽해수에 거북병
움치러젓다 자라병 꽃슬노와 화병이며
목이길다 황세병이며 여러가지 병을
놓았구나 찬장우이를 처다보니 대합지며
질함이요 대목판에 소목판에 블근목판
옷칠못판 즉을채워 얹었구나 선반위를
처다보니 전라도라 주반에 토장반에
공자상을 하나가득 얹었구나 부엌세간
풀어보세 은반상기 금반상이라 놋반상을
하나가득 싸여놓고 안성유기 놋귀명에
놋동이요 놋양픔에 청동화루 즌대여
광주분원 당기시며 동내기병 왜사기며
상사발 탕게종발 접시종지까지 즉을채서
놓았구나 갖은솟이 다들었구나 전라도
제웅솟이떠 무쇠솟에 왜솟이며 곱돌솟

용숫까지 걸었구나　수저집을 둘러보니
은수저며 금수저며　놋수저까지 들었구나
허들세간 부러보세　장단에고성매요
임매돌 불 매돌　　요수채반 광우리며
쓸기좋은 싸리비요　맵씨좋은 장목비요
장독을 둘러보며　장독을 부러보세
대독, 중독작은독이며　오지동이라 뚝매기며
단지까지 가득하게　놓였구나 사랑치장
하여보세 철침떼침　자게침 안석벼게
놓았구나 배담이며　혼단이며 침대보려담
모란석에 만화방석이며　꽃방석을 여기저기
놓았구나 유경흡대　요강타구 소산반죽
장죽이며 금강초　입초로다 벗좋은
황초까지 等았구나　대병풍에 소병픔이라
모란병픔이요　꽃을놓아 수병픔
보기좋은 머리병풍에다　시잘잡는 장자방에
춤잘추는 학두루미　말잘하는 앵무새요
몸체좋은 공작이며　황금같은 피꼬리는

양유청산으로 날아드는듯하게
그려놓았구나 벽을 둘러보니
갖은유리 다드러다 새황양금 거문고며
가야금 피리젓대 해금이며 장구북이며
바둑장기 골패노름까지 하나가득 들었구나
태를심어 울을삼고 솔심어 정자하고
담안에 우물파고 담밖에 방아글고
뒤후원에 연당짓고 폭포수에 수각짓고
연못가운데 초당짓고 초당옆에 석가산모고
연꽃피여 우거지고 물속에는 금붕어요
물우에는 비오리가 쌍을지여 왕내하니
근들아니 결일쏘야 화초치장 보자씨면
길갈은 원출이요 키갈은 파초나무
명사십리 해당화요 가시많은 장미화요
고독할사 매화나무 모란자각 부용화요
영산흥은 서감이라 조선일색 무궁화요
치자월계는 유자로다 인물일색 봉선화요
맨들아미 채소화요 들국심어 추병하고

청포도 다데로다
이화도화 만발한되 난간에 학두루미
이리날고 저리발고 너울너울 총을춘다
뒤뜰에는 벌통놓고 안마당에 비들기놓고
소를노니 대마대고 말을노니 용마되고
닭을노니 봉이되고 개를노니 청삽사리된다
벗좋은 황계숫닭 짜른목을 길게빼고
두날개를 투탁치며 꼭기요하고
우름을 우니 상경춘이가 노루소사

00가중에 지난으로 부자장자 그부일부
되었구나 팔도에다 전답쌀데 뒤렁깊은
논을사고 물많은 그물논에 샘바지
고래실논까지 사서놓고 살좋고 장찬받설
사서놓고 농사를 지실적에 벼농사를
지여보세 여주이천 잣체벼 김포통진
밀다리벼 백수풍진 노인벼 먼저먹는
이느벼 빈저는 오래벼 세번제는 오래벼

네제는 증실내벼　네번제는 종아며
정분조타 다다벼　고양도에 애국도
다마금에 조시역이며　은방주까지 지였구나
찰벼농사 지여 보세　예전압페 상모찰
꺽꺽프드덕 깨투리찰　두렁너머 갈게찰
목이길다 황세찰　알록달녹 도야지찰
빗좋은 양푼찰　논찰이며 빗찰까지
하나가득 지여늘고　바곡을 지여보세
올콩즐증 준연니콩　이팔청춘 푸루대증
독수공방 호대비콩　맛좋은 방증이며
빗좋은 대주콩　뱅뱅돌아 우렁콩
수를놓아 피마자콩　밤에심어 검정콩
마태며 질금때까지　지였구나
올팔이며 그릇팔　금불근 관뒤팔
빗좋은 적두팔　벌벌뛰는 개굴팔
알녹달녹 새알팔　장마젓다 물발시라
녹루도 지였구나　조두심었구나
수수메밀 참캐들캐　마늘파까지 지였구나

보리농사 하여보세 갈보리며 청보리요
융모보리 중보리며 키작다고 안질뱅이보리
늘보리 보도리까지 지여놓고 울넘중넘
실어다가 광에다가 차곡차곡 싸여놓고
뒷노적 앞노적에 멍에노적 싸놀적을
답볼답볼 싸였구나 00가중 지난으로
천석중이 되었구나 만석군이 되웠구나
일잘하는 남종이며 앵모같은 여종이며
열쇠같은 아해증이 날며들며 거행할제
청풍으로 배를매여 앞틀뒷틀 쓸고보니
앞틀에는 염을내고 금구렁이 앞노적에
뒷노적에 구볼치니 밀에선 짝이나고
우에는 꽃이피여 난대없는 병덕새가
노적우에 앉더니만 두 날개를 툭탁치니
옥동같은 인업둥이 나시것네 나라에는
충신둥이요 부모에게 효자둥이로다
원대로 되졌구나 한대로 되셨구나
가진명 가진복에 오복팔복 무량대복을

느리소사 방에는 방문각씨가 놀으시고
마루에는 귀틀장군이 놀으시고 부및에서
주왕각씨가 놀으시고 사랑에선 사랑각시가
놀으시고 대문간에선 대문각씨가 놀으시고
광에선 광대강이 대활여로 놀으시고
장독에선 장독왕신이 놀으시고
굴둑에선 굴둑대장군이 놀으시고
대공한마루에는 성주왕신이 대활여로
놀으시고 마루밑에선 토신황제가 놀으시니
천실영실이 도우시고 만신령이 도우셔서
후로시력이 돌아와도 태평하게 도와주읍소서
만신의 덕담대로 정성덕을 입피여
주시기를 축원발원 비나이다 일광왕신
마누라 월광왕신 마누라
자자왕신 마누라 송씨부인 왕신마누라
깊은궁왕신 마누라 얄은궁왕신 마누라
성주왕신 마누라 지진왕신 마누라
성주바다 대활여로 놀으소사

창부님 거리

이 거리는 '창부씨 거리' 또는 '창부광대씨 거리'라고 부른다. 장승만이 저술한 『무속고 1집』에 보면 '창부씨', '광대씨'의 유래에 대해 '전라도 남원 서쪽 무시리에서 태동 하였다'고 밝히고 있는데, 창부씨는 여자를 상징하고 광대씨는 남자를 뜻한다.

창부씨, 광대씨는 풍류하는 분이 돌아가신 후에 화신이 되어 우리 굿에서 신령님으로 모시고 창부광대씨 거리를 거행 하는 것이다. 이 거리는 우리민족이 얼마나 풍류를 좋아하는지 단편적으로 보여 준다고 할 수 있다. 우리민족은 집안에 대소사가 있으면 음악과 음주가 있어야 하기에 항상 풍류패가 동참하여 음악으로 우리민족의 희로애락을 표현하였다. 심지어 사람이 죽어 상여가 떠날 때도 상여소리 하는 사람이 동참하여 장단으로 곡을 하였고, 또한 마을 단위로 대동제를 할 때도 무교인은 참여하지 않아도 풍류패는 참석하여 음악을 연주하였다. '우리문화는 풍류로부터 시작하였다'고 할 정도로 풍류는 우리 삶 속에서 오랜 시간동안 우리민족과 동참해왔으며 앞으로도 영원히 우리 삶 속에서 함께 할 것이다.

창부씨 신복은 색동 원삼을 입고 부채만 들고 거성한다.

◉ 창부씨 만수받이

아~ 창부

아~ 창부

만신몸주 만신몸주 / 대신창부 대신창부

안산광대 안산광대 / 밧산창부 밧산창부

스무씨는 스무씨는 / 너털이요 너털이요

소년출신 소년출신 / 재인광대 재인광대

은문산문 은문산문 / 타령광대 타령광대

앞으로는 앞으로는 / 어린광대 어린광대

뒤로돌아 뒤로돌아 / 돌광대씨 돌광대씨

줄줄이는 줄줄이는 / 떼광대씨 떼광대씨

전안창부 전안창부 / 대신창부 대신창부

우리창부 우리창부 / 광대씨가 광대씨가

한양성내 한양성내 / 올라왔오 올라왔오

0씨가중 0씨가중 / 몸주창부 몸주창부

직성창부 직성창부 / 00년~ 00년~

해운으로 해운으로 / 일년열두달 일년열두달

홍수창부 홍수창부 / 도액창부 도액창부

하위받아 하위받아 / 놀고나요~~

◉ 창부씨 1차 공수

어 굿자~~

창부씨 광대씨 아니시랴~~

안산창부 밧산광대씨 앞으로는 여럿광대

뒤로돌아 돌 광대씨 이니시며

일 년 하고 도액창부 홍수창부 아니시랴

대주로 몸주창부 기주로 직성창부씨

일년 열두달 개부심이 최고라고

액운 액살을 막고 가리까 그냥가리까

제갓집 식구가 막아달라고 한다.

어 허허허~~~

그런 우리창부씨가 일년열두달 도액도 막아주고

홍수도 막아줄테니 잘 들어 보시오

◉ 창부씨 타령 (홍수막이 타령)

안산창부 밧산광대씨

창부씨 광대씨 거동봐요

어떤창부가 홍수대액

삼재팔란 을 막아주나

0씨가중으로 몸주창부

직성창부 00년~

해운으로 일년열두달

홍수창부가 막어주마

일년열두달 드는홍수

막아주고 가자~~

덩덩덩기덩 덩기덩덩

정월이라 드는 홍수 정월하고도 열나흘날

오곡 잡밥으로 막아내고

이월 하고도 드는 홍수 이월 개춘에 막아내고

삼월 하고도 드는 홍수 삼월 삼진날 막아내고

사월 한달에 드는 홍수 사월 하고도 초파일날

연등으로 막아내고

오월 한달에 드는 홍수 오월 하고도 단오날~

수리취떡으로 막아내고

유월 한달에 드는 홍수 유월 하고도 유두날~

목욕으로~ 막아내고

칠월 한달에 드는 홍수 칠월 하고도 칠석날~

호박부침으로 막아내고

팔월 한달에 드는 홍수 팔월 하고도 한가위날

송편으로 막아내고

구월 한달에 드는 홍수 구월 하고도 구일로~

국화주로 막아내고

시월 한달에 드는 홍수 시월 하고도 상달에

무시루떡으로 막아내고

동짓달 한달에 드는 홍수 동짓달 하고도 동짓날에

팥죽으로 막아내고

섣달 한 달에 드는 홍수 섣달 하고 막달인데

흰떡가래로 막아내고

일년하고 열두달 드는 홍수 다 막어를 주시마

우주월광에 소멸하니 직성팔계를 막아주마
대주님 직성 열두직성 기주님 직성 아홉직성
동자직성은 일곱직성 일곱직성은 딸님직성
산진 홍수는 수진홍수 물홍수 불홍수 막어주마
부부간에 공방홍수 부무자손에 동발홍수
홍수도액을 막어주마 삼재팔란도 막아주마
드는삼재를 막아주고 나는 삼재도 막어주고
드는삼재는 명삼재요 나는 삼재는 업삼재로다
홍수대액도 막어주고 삼재팔란도 젖혀주자

◉ 창부씨 2차 공수

어 허허허~~
고기는 씹어야 맛이고 님은 픔어야 맛이고
말은 해야 맛이라고 안당 계주님아
우리 창부씨 광대씨가 일년 열두달 홍수 대액을
막는 소리를 들러수 못 들러수
들렀으며 들은 값을 내고 못들 렀으며 못들은 값을
내보시오 어 허허허허~~~~~

우리 창부 광대씨가 일년하고도 열두달 홍수 대액도 막아주고 삼재도 막아주었으니 이제는 사망 뜨고 재수 따와 0씨가중으로 재수있고 운수있게 도와 줄테니 여기다 소망값 재수값 이나 두둑히 주구려 ~~~~~

어 허허허허~~~~~

그럼 재수산에 재수뜨러 가고

소망산에 소망 뜨러 가봅시다

얼 수나~~~~~

춤을 추면서 재수 떠오는 흉내를 낸다.

소망이야 재수야~~

재수야 소망이야~~~~

◉ 창부씨 3차 공수

어 허허허~~~~~ 굿자

앞산창부 뒷산 광대씨가 앞서거니 뒤서거니

하여 금산에서 금을 뜨고 보물산에 보물 뜨고

우리창부씨 광대씨가
청량산에서 청량떠서 은자보물 숨은철량
첫차가 도착하듯 막차가 떠나듯
우루루 뚝딱 실어다 대문앞에 가져다 놓는 소리
를 들었오 못들었오
어 허허허 아주 제기할거
들었거나 못 들었거나
우리 창부씨는 이렇게 노시니 정말 좋으시다
우리 창부씨가 얼마나 좋으시지 노시고 모르겠다.
창부광대씨가 노시고 재수있게 도와주고
집안으로 우환도 없이 도와주시마

◉ 창부씨 타령

창부씨 광대씨 거동봐요 안산창부 밧산광대씨
어떤광대가 올라왔나 전라도 하고 남원창부
경상도 하고 안동창부 한양성내를 올라올때
어른광대 는 저를불고 아이광대는 옥저를 불고
논틀 밭들로 건너올때 나무도 찍어 다리 놓고

한양성내를 올라올때 얼씨고 좋다 절시구~

쳐다보면 만학창부 내려다 보면 백사지땅

건너다 보면 기암절벽 산들은 첩첩 천봉이구

얼씨고 좋다 절시구~

우리창부씨 멧시를 보라

어떤 비단을 입으셨나 얼기설기에 석지문단

금 흘어졌다 용문단아 달이 비취어 월광단요

해가 돋아 일광단요 일광에월광 양일단요

사채로 낳다 모범단요 내외가 짰다 양색단요

색동저고리 보라바지 두귀가 번쩍 귀불주머니

겉으로 차고 좋으시다

오이씨 같은 버선말에 오색 미투리 걸에 신고

어른 광대씨 거동 봐요 별동같은 행전치고

아이 광대씨 거동봐요 전방 같은 머리를 따서

네길 다섯길 올라서서 무등타시던 내광대씨

어른광대는 단소 불고 아이 광대는 옥저 불고

옥저소리는 더욱 좋아 인생 한번 늙어지면

다시나 젊지는 못하리라 이때 안놀구 언제노나

창부씨 광대씨 거동봐요 얼씨구 좋다 절씨구 좋다
백설같은 흰나비는 부모님 양친을 여읬는지
수단장을 곱게하고 장다리 밭으로 날아든고
얼승 덜승 호랑나비는 금잔디로만 날아든다
양위 청산을 반겨든다 얼씨구 좋다 절씨구 좋다
흐르러니 물결이구려 솟구치니 고기로다
뛰느닌 족족 잉어로다 굵은 고기는 솪아치고
작은 고기는 나우칠때 창부씨 광대씨 거동봐요
얼씨구 좋다 절씨구 좋다~~~~~~~~

계면 거리

무녀는 평복에 왼손에는 방울을 들고 바른손에는 계면떡을 들고 만수받이하여 공수를 주고 계면타령을 한다.

◉ 계면 만수받이

아~~ 계면
아~~ 계면
만신몸주 만신몸주 / 대신계면 대신계면
좌두계면 좌두계면 / 우두계면 우두계면
계면성수 계면성수 / 계면각시 계면각시
계면말명 계면말명 / 놀고나서 놀고나서
올릴반도 올릴반도 / 열두반요 열두반요
내릴반도 내릴반도 / 열두반요 열두반요
삼도칠관 삼도칠관 / 돌아다가 돌아다가
재수열고 재수열고 / 철량생겨 철량생겨
도와주자 도와주자
아~~ 계면
아~~ 계면

◉ 계면 공수

어 굿자~~~

좌두계면이며 우두계면 아니시랴

계면말명 계면각씨 아니시리

삼도칠관 돌아다가 세귀접어 전대짓고 네귀접어

후대짓고 사외삼당 배설하고 양산본향 위춘하여

안당사경 대위하며 올릴반 열두반요 내릴반 열두반이라

나비앉은 전 방석에 새앉은 입방석에 열스물이 흠양하고

놀고나서 화리에 재사없고 영검주시고 그염주어서

인식물 천사량 물려주시고 정성덕 입혀주시마~~~~

◉ 계면 타령

떡을 사시오 떡을 사요

좌두나 계면 떡을사오 우두나 계면 덕을사오

명떡이면 복떡이요 재수떡을 사가시오

어떤떡을 사잡수려오 빈들빈들 빈대떡이요

안팎이 없어 도래떡이요 우환을 당해 수수전병

얼기설기 차설기요 먹기좋은 꿀설기요

올망조망 조랑떡이요 도감포수 청절편이요

의기좋아 개피덕인가 틈이 없는 오리 송편

벼락을 맞어 인절미요 세귀나니 귀불떡이요

네귀나니 진편인가 빠다를 발러 양떡이요

도장을 눌러 호떡이요 명떡 복떡을 사가시오

이떡을 사잡으시며 재수열고 운수열어

소망성취하게 도와주리

뒷전(뒷전풀이)

천신굿은 부정청배로 시작하여 뒷전풀이로 끝이 난다. 뒷전풀이는 신령님과 제갓집 조상을 배송하는 거리로 청배하여 모신 신령님과 조상님을 배송한다.

필자의 신부인 이지산 선생님은 굿거리 중 뒷전거리를 매우 중요시하고 조금이라도 실수가 있으면 용납하지 않았다. "인간사회도 잔치날 손님을 초대하고 배웅을 잘 못 하면 욕을 먹듯이 굿에서도 뒷전을 잘 풀어야 제갓집이 뒤가 맑고 소원이 잘 이루어지는 법이야. 오죽하면 뒷전거리라고 하지 않고 뒷전풀이라고 호명할까."라고 말버릇처럼 이야기하곤 하셨다. 그래서 필자도 뒷전을 매우 중요시하고 굿을 아무리 잘해도 뒷전을 소홀히 하면 만사가 허사라고 생각하는 것이다. 신령님 사제는 처음과 끝이 같아야 하며 마지막까지 최선을 다하여 제갓집이 빨리 소원을 이룰 수 있도록 해야 한다. 천부경 경전에 같은 뜻이 있어 적어본다.

"일시무일시(一始無一始) 일종무종일(一終無終一)"

천부경 경전은 '일로 시작하여 일자로 끝나지만 시작이 시작이 아니고 끝이 끝이 아니라'라는 뜻이다. 다시 말해 천부경 경전을 보면 81자 중 첫 자가 일(一)로 시작하여 일(一)로 끝나는데, 이는 '처음도 중요한 만큼 끝 또한 중요하다'는 뜻이 있으며 항상 처음과 마지막은 동일하게 하여 변함없는 삶을 영위 하라는 뜻이라고 하겠다.

의복은 평상복에 부채만 들고 장구 치는 계자님과 둘이서만 말을 주고받고 하면서 뒷전풀이를 한다.

◉ 뒷전풀이 만수받이

아~~ 걸립
아~~ 걸립
만신몸주 만신몸주 / 대신걸립 대신걸립
사외삼당 사외삼당 / 제당걸립 제당걸립
치어달어 치어달어 / 성주걸립 성주걸립
내려밀어 내려밀어 / 지신걸립 지신걸립
앞문전에 앞문전에 / 수문장걸립 수문장걸립
뒷문전에 뒷문전에 / 패장걸립 패장걸립
만인간에 만인간에 / 여립걸립 여립걸립
오고가구 오고가구 / 왕래걸립 왕래걸립
동서사방 동서사방 / 지신걸립 지신걸립
화의받아 화의받아 / 놀고나서 놀고나서

재수열어 재수열어 / 소망생겨 소망생겨
도와주자 도와주자

남터주는 남터주는 / 여터주요 여터주요

여터주는 여터주는 / 남터주라 남터주라

원주터주 원주터주 / 집주터주 집주터주

은주저리 은주저리 / 업터주요 업터주요

금주저리 금주저리 / 복터주요 복터주요

긴대업에 긴대업에 / 화의받아 화의받아

놀고나서 놀고나서 / 재수열어 재수열어

소망생겨 소망생겨 / 도와주자 도와주자

부리맹인 부리맹인 / 신에맹인 신에맹인

남맹인은 남맹인은 / 여맹인요 여맹인요

애삼석삼 애삼석삼 / 걸어줄때 걸어줄때

곽곽선생 곽곽선생 / 이순풍에 이순풍에

홀계관이 홀계관이 / 상통천문 상통천문

하달지리 하달지리 / 풀어낼제 풀어낼제

마른안질 마른안질 / 진안질을 진안질을

가든맹인 가든맹인 / 놀고나서 놀고나서

거리노중 거리노중 / 낙상없이 낙상없이

도와주자 도와주자

남서낭은 남서낭은 / 여서낭요 여서낭요

도당서낭 도당서낭 / 부군서낭 부군서낭

마루마루 마루마루 / 서낭이요 서낭이요

재재봉봉 재재봉봉 / 넘는서낭 넘는서낭

거리거리 거리거리 / 노재서낭 노재서낭

물아래는 물아래는 / 용궁서낭 용궁서낭

동두길지 동두길지 / 되내미서낭 되내미서낭

남두길지 남두길지 / 오수재서낭 오수재서낭

서두길지 서두길지 / 사신서낭 사신서낭

북두길지 북두길지 / 자문안서낭 자문안서낭

홍두깨는 홍두깨는 / 통비단에 통비단에

딸아들고 딸아들고 / 목판쟁반 목판쟁반

물어들고 물어들고 / 오색채단 오색채단

금침단침 금침단침 / 딸아들은 딸아들은

서낭이요 서낭이요 / 화의받아 화의받아

놀고나서 놀고나서 / 문전에는 문전에는

하리없이 하리없이 / 재수에는 재수에는

액살없이 액살없이 / 도와주자 도와주자

동으로는 동으로는 / 청제지신 청제지신

남으로는 남으로는 / 적제지신 적제지신

서쪽으로 서쪽으로 / 백제지신 백제지신

북으로는 북으로는 / 흑제지신 흑제지신

중앙으로 중앙으로 / 황제지신 황제지신

오방지신 오방지신 / 사방천왕 사방천왕

지신덕은 지신덕은 / 할아버지 할아버지

지신덕은 지신덕은 / 할머니요 할머니요

화의받아 화의받아 / 놀고나서 놀고나서

재수열어 재수열어 / 소망생겨 소망생겨

도와주자 도와주자

불의영산 불의영산 / 신의영산 신의영산

이름알고 이름알고 / 성도알든 성도알든

영산이며 영산이며 / 산에올라 산에올라

호영산요 호영산요 / 들로내려 들로내려

제갈영산 제갈영산 / 만경청파 만경청파

수살영산 수살영산 / 열병시병 열병시병

가든영산 가든영산 / 활총마저 활총마저

가든영산 가든영산 / 낭고가고 낭고가고

배고가고 배고가고 / 머리풀어 머리풀어

산발하고 산발하고 / 거적자리 거적자리

옆에끼고 옆에끼고 / 해산사발 해산사발

손에들고 손에들고 / 가위실패 가위실패

허리에끼고 허리에끼고 / 해산여귀 해산여귀

해탈영산 해탈영산 / 늑막염에 늑막염에

복막염에 복막염에 / 가든영산 가든영산

청춘가고 청춘가고 / 소년가든 소년가든

수많은 영산 수많은 영산 / 오늘 정성에 오늘 정성에

고픈배는 고픈배는 / 불려가고 불려가고

마른목은 마른목은 / 적셔가고 적셔가고

산도좋고 산도좋고 / 물좋은데 물좋은데

놀고가고 놀고가고 / 춘하추동 춘하추동

사시사철 사시사철 / 한결같이 한결같이

도우소사 도우소사

내상문에 내상문에 / 외상문요 외상문요

신상문은 신상문은 / 구상문요 구상문요

뜰네귀에 뜰네귀에 / 범한상문 범한상문

사랑채네귀 사랑채네귀 / 범한상문 범한상문

유다락에 유다락에 / 범한상문 범한상문

마루대청 마루대청 / 범한상문 범한상문

안방네귀 안방네귀 / 범한상문 범한상문

지초부의 지초부의 / 왕래하고 왕래하고

우환가환 우환가환 / 들던상문 들던상문

우환가환 우환가환 / 재수하리 재수하리

위도탈도 위도탈도 / 없이하고 없이하고

도우소사 도우소사

놀고나요~~~~~~

◉ 걸립 공수

어~~ 굿자

남걸립은 여걸립 아니시리

불의걸립은 신에 걸립이시며

사외삼당 제당걸립 아니시랴

치어달어 성주걸립 내려밀어 지신걸립 아니시리

앞문전에 수문장걸립 뒷문전에 패장걸립 아니시랴

만인간에 여립걸립 오고가구 왕래걸립 아니시리

남걸립은 져들이고 여걸립은 여들여서 아홉곳간

빈곳없이 도와주고 뒤를 맑게 하여 웃음으로 연락하고

철량으로 소일삼게 도와주시마~~~~

◉ 터주 공수

남터주는 여터주요 여터주는 남터주아니시리

원주터주 집주터주 이시며

은주저리 업대감 금주저리 복대감 아니시랴~~

긴대업에 화의받아 놀고나서 은자보물 슴은철량

안어오고 져들여서 재수열어 소망생겨 도와주시마

◉ 터주 타령

덩덩덩기덩 덩기덩덩
남터주 하고 여대감님 여터주 하고 남대감님
수문장대감 패장대감 우리터주 거동을봐라
얼마나 좋은지 모르겠네
금주저리 은주저리 업병대감도 내로구나
낮이되면 어사를 돌고 밤이면 순라를 도시고
야심삼경 불밝혀들고 청사초롱 등장을잡고
열놈이 실어 오는듯 백놈이 생기는듯이
도와를주고 생겨주마
비는오고요 축축한날 앞들에서는 저벅저벅
뒤뜰에서는 지벅지벅 자취를 뵈시던 내대감
돌도집어~ 팔메치고 모래도 집어 끼얹어보고
거염을 보이던 내로구나 가는소망 이리오너라
원을풀어~ 원당짓고 한을풀어~ 한당짓고
천년지덕 만년안택을 도와주시마~~~~~

◉ 서낭 공수

어~~굿자 남서낭은 여서낭요
도당서낭 부군서낭 이라
마루마루 서낭이요
재재봉봉 넘는서낭 거리거리 노재서낭 아니시랴
물아래는 용궁서낭 아니시리
동두길지 되내미서낭 남두길지 오수재서낭 이며
서두길지 사신서낭 북두길지 자문안서낭 아니시리
홍두깨는 통비단에 딸아들고 목판쟁반 묻어들고 오색채단
금침단침 딸아들은 서낭이라
현재목 새재목 나무장목 목신이며 돌을다루어 석신이며
흙을 만지어 토신이라 사람들어 인서낭이라
동법에 진탈없이 거리에 홍액없이 도와주고 관재구설저차
주시마 인식철량 저쳐주고 일년은 열두달 관년은 열석달
편안하게 받들고 역들어 주시마

◉ 영산 공수

나는 산에올라 호 영산이요 들로 내리시어 객사영산
만경청파 물에빠져 수살영산이며 임자없고 차지없는
무자귀 약을 먹고 자결영산 이요 난리통에 활총마저
가든영산 이며 불에 타죽은 화사귀요 얼어주고 미쳐죽고
굶어죽은 귀요 낳고가고 배고가고 머리풀어 산발하고
거적자리 옆에끼고 해산사발 손에들고 청치마 휘어잡고
가든영산이요 늑막염에 복막염에 가든영산 청춘가고
소년가든 수많은 영산이며 오늘은 고푼배 불려가고
마른목은 적셔가고 젖은것은 먹고가고 마른것은 싸서지고
인자받고 노자받아 양귀비조밥에 원산말뚝에 대수대명
받아놓고서 이러니 탈이없이 저러니 말이없니 쓰린가슴
달래가고 많이먹고 널리쓰고 떼영산이 놀고나리다~~~~

◉ 상문 풀이

내상문에 외상문요 신상문은 구상문이야

백호상문 주작상문 이야

진초상날 상문이야 뜰네귀에 범한상문

사랑채네귀 범한상문 유다락에 범한상문

마루대청 범한상문 안방네귀 범한상문

지초부의 왕래하고 우환가환 들던상문

날고기 선고기 사철미나리 곱게 물리어

우환가환 재수하리 위도탈도 없이하고 도우소사

◉ 수비풀이

잦은장단을 치면서 수비풀이를 한다.

천궁수비야 산수비야 들수비야 모인수비야

아흔아홉도수비 쉰세살떼수비야 상청은 서른여덟수비야

중청은 스물여덟수비야 하청은 열여덟수비야 남영산은

멜방걸어 짊어지고 여영산은 틀어 머리에이고 오든길로

돌아서서 산으로 가니 산으로 가고 들로가니 들로가고

물로가니 물로가고 속거만리로 물리어주소사

맺음말

한양 천신굿이란 문서를 책으로 만들면서 저의 삶을 다시 한 번 돌아 볼 수 있는 기회가 됐습니다. 철부지로 신령님의 사제가 되어서 지금까지 살아온 날들, 이지산 선생님을 처음 만나던 날, 천신굿을 공부하면서 야단맞던 일, 어쩔 수 없이 신부님과 헤어졌던 일들이 주마등처럼 스쳐지나 갑니다. 다시 한 번 몸과 마음으로 이지산 선생님께 감사를 표현합니다.

필자는 책을 만들기 위해서 많은 시간을 중앙도서관에서 보냈습니다. 학술적으로나 문헌적으로 배우고 싶은 것도 또 알고 싶은 것도 많고 무교 관련 자료를 수집하기 위함 이었습니다. 여느 때와 같이 전 도서 열람을 하러 도서관에 가서 이 것 저 것 찾다보니 다른 무교 사제 분들이 쓰신 서적을 보게 되었습니다. 반갑기도 하고 다른 분들은 어떻게 글을 썼는지 호기심도 생기더군요. 책들을 보게 되었습니다. 그 책들 속에는 좋은 글도 많았고 공감되는 부분도 있었습니다. 어떤 글귀는 제 가슴이 저려와 제 눈가에 눈물이 고이는 대목도 있었습니다. 그런데 제 상식으로는 이해할 수 없는 부분이 있었습니다.

돈을 많이 벌어서 노인정을 건립하고 싶다는 분도 있었고 불우한 이웃을 돕고 싶다는 분도 있었고 또 고아원을 설립하고 싶다는 분도 있었습니다. 정말이지 너무도 좋은 애기들이었습니다. 사회를 위해서 봉사하는 건 참 좋은 일이죠. 하지만 저는 생각이 조금 다릅니다. 어느 해인가 우리나라에 홍수가 나서 TV에서 성금을 모금

했습니다. 저는 그걸 보면서 너무도 가슴이 저려 왔습니다. 불교 00종파 스님 일동, 00교회 신도 일동 등등 하고 성금을 기부하는 걸 보면서 저는 많은 생각을 했습니다.

'왜 무교인 들만 성금에 참여하지 않는 것일까?'

'왜 무교인 들만 개인이 아닌 한 협회 또는 단체 이름으로 참여하지 않는 것일까?'

'우리나라 전통적인 의식은 품앗이인데.....'

그러고 보니 우리 무교는 너무나도 미약한 환경이었습니다. 어느 종교단체 보다 어느 종파 보다 더 오랜 세월 속에 자립하며 생존해 온 우리 무교가 '무교인 회관'도 없고 '무교 박물관'도 없으며 무교의 사제를 양성하는 기관도 없습니다. 또한 많은 사람이 모여 기도드리는 성전도 없다는 사실이 저를 너무나도 부끄럽게 만들었습니다.

만약에 신령님들께서 저에게 돈을 많이 벌 수 있는 능력을 주신다면 저는 무교인 들을 위해서 무교인 회관과 무교 박물관도 설립하고 무교의 사제를 양성하는 기관도 설립하여 지금처럼 무교에 입문하면서 수 백 만원이 들고 수 천 만원이 드는 일 없이 자유롭게 입문하여 오로지 신령님 뜻에 따라 살 수 있는 무교의 학교를 설립하고 싶습니다. 그래서 그 분들이 사회의 많은 곳에서 봉사 활동을 하시길 바랄 뿐입니다.

마지막으로 필자는 이 책을 만들면서 성심성의껏 최선을 다했지만 혹시 미흡한 점이 있으면 양해를 구합니다. 그리고 두서없는 저의 글을 읽어주신 분들께 머리 숙여 감사드립니다. 또한 저의 책을 보신 분들 가정에 신령님의 사랑과 만복이 깃들어 행복하길 기원하며 이 세상 모든 분들께 저희 신령님의 하해와 같은 축복이 있길 기원합니다.

참고 문헌

김경실, 『조선시대 궁중진연 복식』(경춘사, 2003)

김부식, 『삼국사기』 (대경출판사, 1991)

김은정, 『한국의 무복』 (민속원, 2004)

김태곤, 『무속과 영의 세계』 (도서출판 한울, 1993)

문규필, 『신의 딸 신의 아들』 (피플뱅크, 2003)

백영자, 『한국의 복식문화』 (경춘사,2001)

서울 육백년사 편찬위원회, 『서울 육백년사』 (1990)

유동식, 『한국 무교의 역사와 구조』 연세대학교 출판부, 1992)

장승만, 『무속고』 1집 (민산출판사, 1992)

장승만, 『무속고』 2집 (민산출판사, 1992)

조흥윤, 『巫 - 한국 무의 역사와 현상』 (민족사, 1997)

서울대학교 출판부, 『한국의 샤머니즘』 (1999)

주강헌, 『굿으로 보는 우리문화 이야기』 (웅진닷컴, 1992)

차옥승, 『한국인의 종교경험 무교』 (서광사, 1997)

관우

1967년 서울 출생
1990년 이지산 선생님 제자로 무교 입문
2002년 선데이 뉴스 문화부 기자
2003년 『신의 딸 신의 아들』 (문규필 著) 소개
2005년 『관우가 이야기하는 한양 천신굿』 (초판) 출간
2005년 국악방송 및 언론매체에 다수 출현
2006년 한양 천신굿 무료 전수관 오픈
현　재 '천신도량'당주, '한양 천신굿 보존회'회장
무가(巫家) 〈무교인 모임〉 무교 사제단 임원
주　소 : 서울시 강남구 논현동 149-1번지 (Tel. 02-3444-2020)
홈 페이지 : http://www.cheonsin.org
E - mail : thebaek1@naver.com

천신굿 무가집(개정 증보판)

초판 1쇄 발행　2005년 7월 10일
개정 증보판 1쇄 발행　2008년 12월 21일
지은이 관　우
만든곳 도서출판 신지평
일산구 대화동 1946-12
Tel.02) 338-4168　Fax.02) 6442-4168
값 25,000원
ISBN　978-89-85535-39-7 13150